경희대학교 아프리카연구센터총서 23

튀니지의 민담

김민채 역

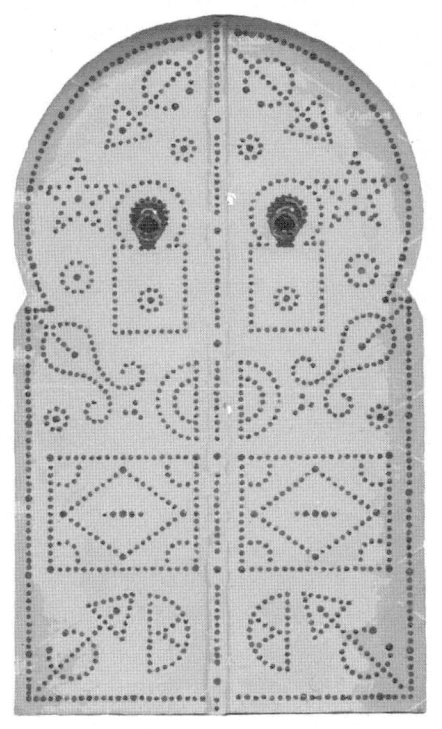

아딘크라

김민채 교수는 연세대학교 불문과 및 동대학원을 졸업하고 프랑스 파리 4대학에서 불어학박사를 받았다. 현재 경희대학교 프랑스어학과 교수로 재직하고 있다.

※ 이 저서는 2021년 대한민국 교육부와 한국연구재단의 지원을 받아 수행된 연구임 (NRF-2021S1A5C2A02086919)

역자 서문

북아프리카 마그레브 지역에 위치한 튀니지는 '머리는 유럽에, 가슴은 아랍에, 발은 아프리카에'라는 표현이 매우 잘 어울리는 나라다. 지중해 문화권이자 이슬람 문화권에 속한 지역, 아프리카 대륙에 살고 있지만 스스로를 아프리카 사람이라고 칭하지 않는 사람들, 북아프리카의 파리라고 불리는 튀니스의 도시 경관, 카르타고의 유적지, 튀니지안 블루를 뽐내는 시디 부 사이드, 유럽 최대의 모자이크 박물관, 공항에서부터 유난히 이방인을 환대하던 사람들, 귀에 울려 퍼지는 아랍어와 프랑스어의 화음, 따뜻하면서도 달콤했던 민트차, 기도 시간에 맞춰 모스크로 들어가는 이슬람 신자들…. 출장차 방문한 튀니지는 여느 다른 유럽, 아시아, 아프리카 국가들에서 느끼지 못했던 독특한 인상을 주었다. 이 모든 것은 아마 한때 문화의 교차로이자 용광로였던 튀니지의 역사적 배경에 기인할 것이다.

서쪽으로는 알제리, 북동쪽으로는 지중해, 남동쪽으로는 리비아에 접하고 있는 튀니지는 지리적 위치 덕택에 예로부터 유럽, 아시아, 아프리카의 영향을 두루 받았다. 베르베르인들이 살던 이곳에 카르타고, 로마, 이슬람 제국, 오스만 제국, 프랑스가 차례로 영향을 미치며 각기 다른 문화의 흔적을 겹겹이 쌓아 올렸고, 이는 현재 튀니지 문화의 토대가 되었다. 이번에 번역한 『튀니지의 민담』에도 이러한 튀니지의 문화 다양성이 곳곳에 숨겨져 있다.

『튀니지의 민담』은 1949년부터 1954년 사이에 수집된 80여 편의 튀니지 민담을 번역한 것이다. 놀랍고 신기한 이야기부터 사람과 지역, 축제, 장소, 물건에 얽힌 전설, 동물과 식인귀를 주제로 한 이야기, 마그레브 지역 사람이라면 누구나 알고 있는 '쟈'와 '오미 시씨'를 주인공으로 한 이야기 등 길고 짧은 이야기들 속에서 우리는 튀니지의 민족적, 종교적, 사회문화적, 환경적 다양성을 발견하게 된다. 수록된 민담에는 유목 생활을 하는 베두인족, 아랍인 장수, 베르베르인 여전사, 케르케나 제도를 약탈하러 온 시칠리아인, 무어인 카페 주인 등 튀니지의 다양한 지역을 무대로 활동했던 인물들이 등장하며 칼리프, 술탄, 순례자, 회당 등 이슬람과 유대교의 흔적 또한 찾아볼 수 있다. 화폐 단위인 디나르, 전통 모자 셰샤, 음식의 한 종류인 쿠스쿠스와 하리사 소스는 튀니지의 사회와 문화를 반영하는 중요한 요소들이다. 한국에서 접하기 힘든 올리브나무, 캐롭나무, 종려나무, 선인장 등의 배경 역시 튀니지의 독특한 자연환경을 드러낸다. 경희대학교 아프리카연구센터에서 발간하는 이 『튀니지의 민담』을 통해 유럽, 아시아, 아프리카를 모두 담은 튀니지만의 독특한 문화를 느낄 수 있게 되기를 바란다. 책을 읽으면서 이를 발견해 가는 여정은 마치 숨은그림찾기를 하듯 독자의 호기심을 불러일으킬 것이다.

프랑스어를 전공한 역자로서 특히 흥미로웠던 작업은 아랍어 기원의 단어들을 찾아 그 뜻을 밝혀 번역하는 일이었다. 아랍어가 공식어이고 프랑스어가 교육의 언어로 사용되는 튀니지의 독특한 사회언어학적 환경을 고려하여 프랑스어로 쓰인 원서를 선별하여 번역하였지만, 민담은 주로 튀니지에서 사용되는 아랍어 지역 방언으로 구전되어 왔기 때문에 한국에서는 생소한 아랍 단어나 다른 이슬람 지역에서는 사용되지 않는 단어들이 사용되는 경우가 많다. 이 경우 원어의 발음을 그대로 표기하게 되면 가독성을 해칠 수 있었기에, 이슬람의 독특한 문화를 드러내는 아랍어 기원 단어들은 문맥을 해치지 않는 선에서 가급적 의미를 풀어 번역하는 방식을 선택하였다. 예를 들어 이슬람 종교법에 정통하여 이슬람과 관련된 판결을 하는 '카디'는 '재판관'으로, 모스크에서 기도 시간을 알리는 '무에진'은 '기도 시간을 알리는 사람'으로 번역하였고 '셰샤'와 '할와'의 경우 원어를 유지하였지만, 문맥을 통해 그것이 각각 '모자', '간식'을 지칭

하는 용어임이 드러나도록 신경을 썼다. 아랍어와 이슬람에 관한 공부를 통해 그 뜻을 정확히 전달하고자 노력하였지만 그럼에도 발견되는 오역은 역자로서 짊어져야 할 숙명이라고 생각한다.

끝으로 방학 중임에도 꼼꼼하게 원고를 읽어 준 경희대학교 프랑스어학과 박민아, 한민주 학생과 표지 디자인에 신경을 써 준 경희대학교 프랑스어학과 김승은 학생에게 각별히 고마운 마음을 전한다.

김 민 채

목 차

역자 서문 ··· 1

놀랍고도 신기한 이야기

칼리프와 베두인 청년 ································· 13
밀알을 품은 작은 새 이야기 ························· 16
젊고 순종적인 어느 술탄의 이야기 ················ 19
밀가루 대신 불행을 사는 사람이여 ················ 23
생쥐의 신랑 ··· 25
우물아! 내 콩을 돌려줘 ······························· 28
사과에서 태어난 소녀 ································· 31
빈곤 이후의 풍요 ······································ 35
작은 비둘기 ··· 38
황금알을 품은 암탉 ··································· 43

전설

시디 만수르에 대한 전설 ····························· 49

양을 치는 자, 시디 알리 칸피르에 대한 전설 ············ 51
시디 알리 칸피르에 대한 전설 ······················· 52
코르부스에 얽힌 전설 ···························· 54
검에 얽힌 전설 ································ 55
우에드 엘 바글라 강에 얽힌 전설 ····················· 57
아이드 엘 케비르 축제에 얽힌 전설 ··················· 58
사이다 엘 마누비아에 얽힌 전설 ····················· 60
슬랏 프라이하 회당에 얽힌 전설 ····················· 63

인물 이야기

아미나의 어머니 ································ 70
구두쇠 아부 엘 카셈과 그의 신발 ····················· 72
나에겐 암탉이 있었지 ···························· 75
침묵의 게임 ··································· 77
화가와 카페 주인 ······························· 80
장난꾸러기 아이샤 ······························ 81
조파의 병아리콩 ································ 86
술탄의 아들과 제빵사의 딸 ························· 88
위대한 칼리프와 그의 딸 ·························· 90
버터 단지 ···································· 93
여관 주인과 두 여행자 ···························· 94

다누의 문 ··· 97
파트마의 행복 ··· 99
애연가 사독 ··· 103
재단사와 거인 ······································· 105
왕과 늙은 노인 ····································· 107
구두쇠와 보물 ······································· 108
별일 없다네 ··· 109
쟈와 생쥐 두 마리 ······························ 111
모자 장수와 원숭이 ···························· 115
쟈와 술탄 ··· 116
쟈와 기도 시간을 알리는 사람 ········ 118
쟈와 당나귀 ··· 119
쟈의 당나귀 ··· 120
설교자 쟈 ··· 122
유목민 무리 속의 쟈 ·························· 124
쟈의 첫 번째 담배 ······························ 125
스페인에 간 쟈 ····································· 126
쟈의 계약 ··· 127
쟈의 죽음 ··· 128
밤샘 집회에 간 쟈 ······························ 129
수도승과 폭군 ······································· 130
쟈와 고기 ··· 131

동물 이야기

오미 시씨와 그녀의 고양이 ······················· 135
고양의 삼촌의 모험 ······························ 139
달걀 껍질 이야기 ······························· 144
쥐 씨와 그의 젊은 아내의 여행 ··················· 147
개미와 작은 쥐의 결혼 ·························· 150
매미와 쥐의 결혼 ······························· 153
여우와 가젤 ··································· 156
까마귀와 원숭이 ······························· 158
사자, 하이에나 그리고 여우 ······················ 159
뱀과 사막 쥐 ·································· 160
작은 자고새, 아자일라 ·························· 162
어미 염소와 새끼 염소들 ························ 164
정원사와 거북이 ······························· 166
원숭이와 어부 ································· 168
개구리와 쥐 ··································· 171
정원사, 새, 개 그리고 당나귀 ···················· 174
고슴도치를 아십니까 ··························· 178
자칼과 고슴도치 ······························· 180
꾀바른 토끼 ··································· 182

식인귀 이야기

순례자, 그의 딸, 식인귀 그리고 고양이 ………… 187
용감한 아이샤 ………………………………………… 192
식인귀와 선량한 노부부 …………………………… 195
마법사와 왕자 그리고 식인귀 …………………… 197
새끼 염소, 함캄과 잠맘 …………………………… 199
셰티란과 그의 형제들 ……………………………… 201
론도 …………………………………………………… 204
왕자와 공주 ………………………………………… 206
루다아 ………………………………………………… 207

놀랍고도 신기한 이야기

칼리프와 베두인 청년

어느 날 위대한 칼리프는 시골 한가운데에 있는 신하들에게 가기로 하고 대신에게 그곳에 동행해 달라고 부탁했다. 들키지 않기 위해 변장을 한 그들은 오랫동안 시골을 돌아다녔고 많은 곳을 방문했다. 해 질 녘이 되자 그들은 궁전으로 돌아가기에는 너무 늦었다는 것을 깨달았다. 우연히 들판에 천막이 쳐져 있는 것을 본 그들은 그곳으로 가 하룻밤을 보낼 수 있는지를 물었다. 한 노부인이 그들을 환영하며 앉을 곳을 내어주고 커피를 대접하였다. 잠시 후 한 젊은 베두인 한 명이 천막으로 들어왔다.

"내 아들입니다. 들판에 다녀왔지요."

노부인은 이렇게 말하고는 아들에게 말했다.

"가서 암탉을 잡아 오너라. 맛있는 쿠스쿠스를 만들어 줄 테니."

식사가 끝나고 노부인은 손님들을 위해 양가죽과 돗자리로 잠자리를 만들었고, 칼리프와 대신은 그곳에 누워 잠에 곯아떨어졌다. 해가 뜨자 칼리프는 대신에게 말했다.

"이 용감한 여성에게 어떻게 고마움을 표현하는 것이 좋겠느냐? 수중에 돈이 없는데."

대신이 말했다.

"돗자리 밑에 반지 하나를 숨겨두고 가는 것이 좋겠습니다. 그것을 팔면 어느 정도의 돈을 벌 수 있을 것입니다."

그렇게 두 사람은 반지를 두고 다시 길을 떠났다. 하지만 노부인의 아들이 재빨리 그들을 쫓아오며 말했다.

"반지를 두고 가셨어요."

칼리프는 고맙다고 말하며, 종이 한 장을 주었다.

"이 종이를 가지고 위대한 칼리프의 궁전에 가면 큰 상을 받을 것이다."

며칠 후, 젊은 베두인은 궁전으로 가서 문지기에게 종이를 보여주었다. 궁전에 들어온 젊은이는 문지기에게 물었다.

"위대한 칼리프는 어디에 계십니까?"

"모스크에 계십니다."

"거기서 무엇을 하시지요?"

"자기 백성에게 행복과 번영을 내려달라고 신께 기도하시지요."

"그러시군요. 그렇다면 저도 그렇게 해보겠어요."

젊은이는 집으로 돌아와 아침저녁으로 위대한 칼리프가 그러했던 것처럼 신께 기도를 올렸다.

그러던 어느 날, 그는 밭을 파다가 보물을 발견하였고 크게 기뻐했다. 보물이 너무나 많았던 나머지 사용하던 괭이를 두고 오두막으로 들어가서 어머니에게 말했다.

"어머니, 제가 방금 찾은 보물을 좀 보세요."

"금화구나. 신이시여, 찬양합니다. 우리는 이제 부자가 되었어요."

다음 날, 젊은이는 마을로 가 먹을 것과 옷을 사서 돌아왔다. 그들에게는 새로운 삶이 시작되었다. 빈곤함은 편안함이 되었고 천막은 궁전이 되었다.

어느 날 칼리프와 그의 신하는 천막이 있던 곳을 지나가다 깜짝 놀랐다. 천막 대신 멋진 궁전이 있었던 것이다.

창문에서 그들을 본 젊은이는 재빨리 달려가 그들을 초대했다.

8일 동안 젊은이는 손님을 극진히 대접했다. 극진한 대접을 받은 칼리프는 그에게 자신의 사위로 삼을 것을 약속했다.

밀알을 품은 작은 새 이야기

장난기가 아주 많은 작은 새가 있었다. 어느 날, 새는 들판에서 밀 낟알을 하나 발견하고는 그것을 집어 끈으로 묶어서 목걸이처럼 목에 걸었다. 밀알을 품은 작은 새는 하늘 높이 날다가 왕궁의 뜰에 멈춰 노래하기 시작했다.

"나에게는 왕이 가지고 있는 것이 있다네. 왕이 가지고 있는 것과 같은 것이 있다네."

왕은 그 노랫소리를 듣고는 신하에게 말했다.

"뜰에 가서 누가 있는지 보고 오너라. 그가 무엇을 가졌는지, 무엇을 말하는지도 알아보거라."

신하들은 즉시 뜰로 갔다. 밀알을 목에 걸고 있는 작은 새 외에는 아무 것도 찾지 못한 신하들은 왕에게 돌아와서 말했다.

"밀 낟알을 목에 건 작은 새가 있었습니다."

그러자 왕은 다음과 같이 명령했다.

"가서 그 밀알을 빼앗아 오거라."

신하 한 명이 왕의 명령을 수행하여 왕 앞에 밀알 목걸이를 가져왔다.

얼마 지나지 않아 작은 새가 다시 노래하기 시작했다.

"나에게는 왕이 가지고 있는 것이 있었다네. 왕이 그것을 질투하여 나에게서 그것을 빼앗아 갔다네."

너무나 큰 목소리로 노래를 부른 나머지 왕도 그 노랫소리를 들었다. 왕이 신하에게 말했다.
　"얼른 가서 새에게 밀알 목걸이를 돌려주거라."
　신하는 서둘러 목걸이를 새에게 돌려주었다. 곧 새는 이전보다 더 크게 노래를 부르기 시작했다.
　"나에게는 왕이 가지고 있는 것이 있었다네. 왕이 그것을 질투하여 나에게서 그것을 빼앗아 갔다네. 하지만 그는 나를 두려워하여 그것을 다시 나에게 돌려주었다네."
　노래를 들은 왕이 화가 나서 신하에게 명령했다.
　"가서 그 불쾌한 새를 잡아 죽여 쿠스쿠스를 준비해라."
　신하는 왕이 명령한 대로 새를 잡아 목을 베었다. 그러나 바로 그 순간 새가 목에서 피를 흘리며 말했다.
　"오! 당신이 나에게 걸어준 이 빨간 목걸이가 얼마나 아름다운지요."
　요리사는 새의 깃털을 뽑고 뜨거운 물에 넣었다. 그러자 새가 말했다.
　"목욕하니 좋군요. 기분이 좋아지네요."
　씻긴 새는 음식 준비로 토막이 났다. 그러자 새가 말했다.
　"마사지가 정말 시원하군요."
　다음으로 새고기에는 양념이 더해졌고 새는 말했다.
　"맛있는 냄새가 나네요."
　요리사가 고기를 불에 넣자 새는 이렇게 외쳤다.

"오! 불 가군요. 따뜻해서 정말 좋아요."

요리사가 마침내 병아리콩을 큰 솥에 넣었고 작은 새는 이렇게 말했다.

"사람들이 나에게 너무 오냐오냐하네요. 가지고 놀으라고 작은 공들도 주고요. 정말 좋은 사람들이에요."

이렇게 쿠스쿠스가 준비되었다. 요리사는 왕 앞에 쿠스쿠스를 놓았고 왕은 그것을 맛있게 먹었다. 하지만 너무나 많이 먹은 나머지 식탁에서 일어서면서 아픔을 느꼈다.

바로 그 순간 놀랍게도 작은 새는 왕의 입에서 온전한 모습으로 나와 그의 앞에서 큰 소리로 노래를 부르기 시작했다.

"모두 내 말을 들어보세요. 왕은 크고 뚱뚱하답니다."

그 말을 들은 왕이 급히 창문을 열어 아무도 새를 보지도, 새의 소리를 듣지도 못하도록 내쫓아 버렸다.

젊고 순종적인 어느 술탄의 이야기

늙은 술탄에게는 세 아들이 있었다. 그들이 결혼할 나이가 되자 술탄은 제비를 뽑아 각자 아내를 선택하게 하기로 했다. 술탄이 아들에게 황금 사과를 하나씩 주며 말했다.

"사랑하는 아들들아, 황금 사과를 던져라. 그러면 내가 사과가 멈추는 집에 가서 그곳에 사는 소녀를 데리고 오겠다."

세 아들은 연로하신 아버지의 뜻을 따르기로 하고 차례로 사과를 던졌다.

첫 번째 아들의 사과는 꽤 부유하고 너무 못생기지 않은 소녀의 집 앞에 멈춰 섰다. 두 번째 아들의 사과는 힘차게 날아가더니 막대한 부를 가진 매우 아름답고 어린 소녀의 집 앞에 떨어졌다. 세 번째 아들은 황금 사과를 살짝 굴렸고 사과는 어느 언덕 앞에 멈춰 섰다. 세 번째 아들은 궁전으로 돌아와 말했다.

"아버지, 사과가 언덕 앞에 멈췄습니다."

이 말을 들은 아버지가 말했다.

"아, 그렇게 되었느냐? 언덕을 세 번 두드려 보아라. 그러면 틀림없이 네 운명의 짝인 소녀가 나타날 것이다."

세 번째 아들은 약간 체념한 채 언덕 앞에 멈춰 서서 언덕을 세 번 두드렸다. 그러자 갑자기 땅이 갈라지고 땅속에서 한 노파가 모습을 드러냈다.

"나한테 원하는 것이 무엇이냐?"

노파가 물었다.

"저는 술탄의 셋째 아들입니다. 당신의 딸에게 청혼하러 왔습니다."

"술탄의 아들이여, 내가 마땅히 그리 해 주어야 하나 내 딸은 당신과 같은 사람이 아니다. 작은 고양이 모습의 정령이니라."

이 말을 들은 셋째 아들은 대답했다.

"상관없습니다. 그 고양이를 아내로 맞이하겠습니다."

노파는 동의하였고 곧 언덕이 닫혔다.

셋째 아들은 아버지에게로 가서 이 이야기를 전했다. 왕은 아들이 걱정되었지만 어쩔 수 없었다.

"내 불쌍한 아들아. 너는 너의 황금 사과가 정한 운명을 따라야 한다."

첫째 아들과 둘째 아들은 성대하게 결혼식을 치렀다. 좋은 옷을 입은 신부들은 매우 아름다웠다. 하지만 셋째 아들은 형들과 멀리 떨어진 곳에서 간소한 결혼식을 올렸다. 마차 한 대가 언덕 앞에 멈춰 섰고 고양이 떼들이 길과 마차 주위를 꽉 채웠다. 매우 가슴 아픈 광경이었다. 마을 사람들은 '야옹'하고 소리 내며 궁전에 도착하는 신부의 모습을 놀라운 눈으로 바라보았다. 하지만 셋째 아들의 신부는 남편이 있을 때는 아름다운 공주의 모습으로, 남편이 없을 때는 다시 작은 고양이의 모습으로 변하는 신비한 능력을 가지고 있었다. 그 사실을 모르는 사람들은 어떻게 그가 행복할 수 있는지, 어떻게 신부를 향한 수많은 칭찬의 말을 쏟아낼 수 있는지 궁금해했다. 어느 날, 오랫동안 수수께끼의 열쇠를 찾아 헤매던 호기심 많은 한 이웃 여자가 신부의 변신 과정을 목격하고 아이디어를 냈다. 그리고 고양이 신부와 그녀와 함께 궁전에 온 고양이들에게 말했다.

"당신들은 궁전에 살고 모두가 당신들을 공주처럼 대하죠. 나와 함께 무어식 목욕탕에 가지 않으실래요?"

망설임 끝에 고양이들은 목욕탕에 가기로 하였다. 그리고 비밀리에 그들의 고양이 털을 벗어 두었다. 호기심 많은 이웃 여자는 그곳에서 이 광경을 보고 모든 가죽을 가져다가 불태워 버렸다. 고양이들은 예전의 털옷을 다시 찾을 수 없어 절망했지만, 곧 이웃 여자가 준비해 준 아름다운 드레스를 입고 기뻐했다.

한편 왕궁에서는 첫째와 둘째 아들의 부인들이 술탄에게 큰 잔치를 벌여 셋째 며느리를 초대해 달라고 계속해서 부탁하였다. 자신들이 셋째 며느리보다 우월하다는 사실을 공개적으로 드러내고 싶었던 것이다. 술탄은 마침내 그 말을 따라 큰 잔치를 열고 셋째 며느리를 초대했다. 잔칫날, 수많은 사람이 고양이 신부를 보기 위해 모여들었다. 셋째 아들의 마차가 도착하였고, 어린 왕자는 눈부시게 아름다운 공주와 함께 마차에서 내렸다.
"제 아내입니다."
주문이 풀리고 그녀는 자기의 진정한 모습을 되찾았다. 첫째와 둘째 왕자의 아내들도 그녀의 아름다움에 탄복하였다. 그리고 그때부터 모두 행복하게 살았다.

밀가루 대신 불행을 사는 사람이여

옛날 옛적 튀니스에 게으름과 지루함에 시달리던 예쁘고 부유한 여인이 있었다. 어느 날 여인은 한 상인이 거리에서 이렇게 소리치는 것을 들었다.

"밀가루 대신 불행을 사실 분 계신가요?"

여인은 호기심에 상인을 불렀고, 밀가루 대신 타조알을 받았다.

타조알을 받고 어찌하지 못하고 있던 여인에게 상인이 말했다.

"그걸 잘 품어보세요. 곧 무엇이 나올지 알게 될 것입니다."

며칠이 지나고 알에서 작은 용처럼 생긴 이상한 동물이 나와서 엄청난 속도로 자라기 시작했고 여인에게는 고난이 시작되었다. 괴물이 입을 벌리고 끊임없이 먹을 것을 요구했기 때문이다. 괴물은 만족할 줄 몰랐다. 집에 있는 모든 물건을 집어삼켰기 때문에 착한 여인은 이 괴물의 배고픔을 달래기 위해 자기 보석, 가구, 옷을 모두 팔아야 했다. 더 이상 줄 것이 없던 여인이 괴로움에 울부짖었지만, 괴물은 이렇게 말할 뿐이었다.

"당신은 나에게 생명을 주었으니, 나를 먹이고 필요한 모든 것을 제공해 주어야 합니다. 배고파 죽겠으니, 당신이라도 먹어야겠습니다."

모든 것을 내려놓은 불쌍한 여인은 눈을 질끈 감고 괴물에게 다가갔다. 그때 갑자기 천둥소리가 들렸다. 여인은 살며시 눈을 떴다. 그녀의 앞에는 괴물 대신 그녀를 향해 웃고 있는 잘생긴 청년 한 명이 있었다.

얼마 후 여인과 청년은 성대한 결혼식을 올렸다. 결혼식은 7일 동안 계속되었다. 그들은 행복했고 많은 자녀를 두었다.

생쥐의 신랑

한 가난한 남자가 아내와 함께 오두막집에 살고 있었다. 아이가 없던 부부는 집안의 누추한 분위기를 밝혀줄 아기를 간절히 원하고 있었다. 어느 날 남편은 산책하러 나갔다가 부리에 무엇인가를 물고 있는 사나운 새를 만났다. 새의 부리에 무엇이 들어 있는지 궁금했던 남편은 새의 둥지로 갔고 그곳에서 갓 태어난 작은 생쥐 한 마리를 발견했다.

"오! 생쥐구나."

그는 기뻐하며 생쥐를 품에 안고 아내에게로 갔다. 생쥐를 본 아내가 말했다.

"신이시여, 생쥐 대신 어린 딸이 있으면 얼마나 좋을까요?"

말을 마치기가 무섭게 생쥐는 태어난 지 며칠 안 된 예쁜 여자 아기로 변했다. 부부의 기쁨은 말로 표현할 수 없었.

아기는 자라서 매우 예쁜 소녀가 되었다. 그녀가 결혼할 나이가 되었을 때 아버지는 사윗감으로 세상에서 가장 강하고 위대한 자를 점찍었다. 그리고 사람들의 조언에 따라 달에게 가서 물어보기로 했다. 그는 해 질 녘을 기다렸다가 높은 산에 올랐다. 달빛이 그에게 다가오자, 그가 말했다.

"달아, 달아! 나는 세상에서 가장 강하고 위대한 자를 찾고 있단다. 내 딸과 결혼해 주지 않겠니?"

달이 말했다.

"오! 나보다 더 강력한 존재가 있습니다. 나보다 크고 낮을 밝히는 태양이지요."

"그렇다면, 너는 내 딸의 남편감이 아니구나."

그는 이렇게 말하며 태양을 찾아 떠났다.

"해야, 해야! 나는 세상에서 가장 강하고 위대한 자를 찾고 있단다. 내 사위가 되어주지 않겠니?"

가장 높은 산에 오르며 그가 말했고, 태양이 대답했다.

"저는 가장 강력한 존재가 아닙니다. 내 앞에서 내 빛을 가리는 구름을 찾아가 보세요."

태양의 말을 들은 그는 오르고 또 올라 구름에 이르렀다. 그리고 구름에게 다가가서 이렇게 말했다.

"구름아, 구름아! 내 사위가 되어주지 않겠니? 나는 세상에서 가장 강하고 위대한 자를 찾고 있단다. 바로 네가 내가 찾고 있는 자인 것 같은데!"

구름이 대답했다.

"아닙니다. 바람이 나보다 강합니다. 바람이 불면 나는 갈기갈기 찢기거든요."

"그렇다면 너는 내 사윗감은 아니구나."

그는 이렇게 말하며 바람을 찾아 떠났다.

"바람아, 바람아! 내 사위가 되어주지 않겠니? 다들 네가 세상에서 가장 강하고 위대한 자라고 하더구나. 내 딸의 신랑감으로 네가 가장 적합하다."

"아니요, 나는 가장 강력한 자가 아닙니다. 산이 나보다 더 강력하지요. 아무리 바람을 세게 불어도 움직이게 할 수 없는 것이 산이기 때문입니다."

그는 또다시 산에게 가서 물었다.

"산아, 산아! 내 사위가 되어주지 않겠니? 나는 세상에서 가장 강하고 위대한 자를 찾고 있단다."

산이 대답했다.

"나보다 쥐가 더 강합니다. 쥐는 날카로운 이빨로 당당하게 나를 찌르고 땅을 파서 자신의 집을 만들죠. 그에게 가 보십시오"

산의 말을 들은 그는 쥐에게 가서 말했다.

"오! 쥐야, 내 사위가 되어주지 않겠니? 나는 세상에서 가장 강하고 위대한 자를 찾고 있단다."

그의 말에 기분이 좋아진 쥐는 그의 제안을 받아들였다. 그와 쥐는 함께 신부를 만나러 갔고 그의 딸은 쥐를 보자 생쥐로 변했다. 그리고 그 둘은 행복한 결혼식을 올렸다.

우물아! 내 콩을 돌려줘

옛날에 세 딸을 둔 몹시 가난한 나무꾼이 살았다. 어느 날 그는 주머니에 식사용 콩 몇 알만 가지고 평소처럼 일하러 숲으로 들어갔다. 점심시간이 되자, 그는 우물의 가장자리에 앉아서 가지고 온 콩을 먹었다. 그때 그의 콩 중 하나가 우물에 떨어졌다.

"우물아! 내 콩을 돌려줘."

그는 힘차게 소리쳤다. 잠시 후 커다란 콧구멍과 두꺼운 입술을 가진 거인이 우물에서 나타났다.

"그렇게 소리 지르지 말아 줄래? 나의 주인님, 정령들의 왕께서 깨시겠다. 대신 이 사발을 받아라. 배가 고프면 '신의 은총으로 쿠스쿠스를 채워주세요'라고 말하거라."

나무꾼은 기뻐하며 집으로 달려갔다. 집에는 아내와 딸들이 배고픔에 눈물을 흘리고 있었다.

"쿠스쿠스를 먹을까?"

나무꾼은 말했고 아내와 딸들은 매우 기뻐했다.

잠시 방에 있다 나온 그는 쿠스쿠스가 가득 담긴 사발을 꺼냈다.

아내와 딸들은 매우 놀랐다. 그들은 허겁지겁 먹으며 허기를 달랬다.

그날 이후로 그들은 원하기만 하면 쿠스쿠스를 마음껏 먹을 수 있었다. 하지만 그들의 행복은 오래가지 못했다. 나무꾼의 아내도, 딸들도 그들의 비밀을 지키지 못했기 때문이다. 결국 비밀은 그들 중 수다스러운 한 사람의 입을 통해 새어 나갔다. 이를 들은 한 이웃은 마법의 사발을 훔쳐 다른 사발로 바꾸어 놓았다. 나무꾼은 그 사실을 알 리 없었다. 그는 더 이상 명령을 따르지 않는 사발을 보고는 우물로 가서 다시 소리쳤다.

"우물아! 내 콩을 돌려줘."

곧 커다란 콧구멍과 두꺼운 입술을 가진 거인이 나타났다.

"그렇게 소리 지르지 말아 줄래? 나의 주인님이신 정령들의 왕께서 깨시겠다. 대신 이 맷돌을 가져가라. 밀가루와 보릿가루가 필요할 때는 이 맷돌을 돌리기만 하면 된다.

나무꾼은 기뻐하며 집으로 달려와 이틀 동안 아무것도 먹지 못한 아내와 딸들을 보고는 맷돌에게 밀가루와 보릿가루를 달라고 부탁했다. 맷돌에게서 가루를 얻은 그는 빵을 만들었고 가족 모두 배고픔을 달래며 그것을 맛있게 먹었다.

하지만 얼마 지나지 않아 수다스러운 아내와 딸들 때문에 이 비밀이 이웃에게 알려졌다. 이웃은 이번에도 마법의 맷돌을 훔쳐 다른 맷돌로 바꿔놓는 데 성공했다. 나무꾼은 더 이상 명령을 따르지 않는 맷돌을 보고는 우물로 가서 다시 소리쳤다.

"우물아! 내 콩을 돌려줘."

"휴, 또 왔느냐? 나의 주인님이신 정령들의 왕께서 깨시지 않도록 조심해라. 자 이 방망이를 가지고 집으로 가서 사발과 맷돌을 돌려달라고 해라."

나무꾼은 거인이 자신을 놀린다고 생각했지만, 우선 그의 말을 따르기로 했다.

아내와 딸들 앞에 선 나무꾼은 이렇게 말했다.

"방망이야! 내 사발과 맷돌을 돌려줘."

말이 끝나기 무섭게 방망이는 그의 아내와 딸들에게로 가 그들을 때리고, 그다음 벽을 넘어 사발과 맷돌을 훔쳐 간 이웃 여자의 집으로 날아가 그 여자를 강타했다. 너무나 심한 고통에 그녀는 사발과 맷돌을 원래 주인에게 돌려줄 수밖에 없었다.

이렇게 나무꾼은 사발과 맷돌을 되찾았고, 거인이 내어 준 방망이의 소중함을 깨달았다.

사과에서 태어난 소녀

아이를 기다리는 부부가 있었다. 어느 날 남편은 마법사를 찾아가 말했다.

"한 번만이라도 '아빠'라고 불리고 싶어요. 제가 무엇을 해야 합니까?"

마법사가 말했다.

"아내에게 이 사과를 먹이십시오. 당신은 절대 먹지 말아야 합니다."

남편은 사과를 들고 집으로 돌아갔다. 하지만 사과가 너무 먹음직스러웠던 나머지 유혹을 이기지 못하고 한 입 베어 물고 말았다. 몇 달 후, 그의 다리는 붓고 점점 더 부풀어 올랐다. 다리를 주물러보기도 하고 약을 발라 보기도 했지만, 다리는 점점 더 거대해질 뿐이었다.

"사과를 먹다니. 이런, 내가 무슨 짓을 한 거야."

그러던 어느 날, 남편은 낮잠을 자다가 다리가 찢기는 고통을 느꼈다. 이윽고 다리에서 예쁜 아이가 나왔다. 너무나 당황한 나머지 그는 아이를 황량한 곳에 버려두고는 집으로 돌아왔다. 다행히도 지나가던 가젤 한 마리가 아이를 발견하고 이렇게 말했다.

"얘야, 나를 따라오너라. 왜 여기서 혼자 울고 있니? 함께 가서 내 아이들과 같이 지내자꾸나. 내가 너에게 좋은 어머니가 되어주겠다."

어린 소녀는 가젤을 따라갔다. 소녀는 가젤과 함께 사는 것이 매우 행복했다. 몇 년 후 그녀는 더욱 사랑스러워졌지만, 여전히 사람들과는 교류가 없는 야생의 소녀였다.

어느 날 사냥을 하던 왕이 가젤 떼를 보았고, 가젤 떼에 아름다운 소녀가 있는 것을 발견했다. 동물 무리에 두기에는 너무나 아름다운 소녀라고 생각한 왕은 그녀를 왕궁으로 데려가기로 마음먹고 하인들을 불러 명령했다.

"어서 저 금발 소녀를 유인해 잡아 오너라."

하인들은 왕의 명령에 따라 소녀를 유인했고, 가젤 떼와의 치열한 결투 끝에 소녀를 잡는 데 성공했다. 왕은 소녀를 왕궁으로 데리고 가 아내로 삼았다. 왕은 소녀에게 호화로운 옷과 화려한 보석을 주어 치장하게 했고 그녀는 더욱 아름다워졌다. 하지만 불행하게도 왕에게는 이미 여섯 명의 아내가 있었다. 소녀는 왕의 일곱 번째 아내였다. 하지만 가장 젊은 아내이자, 왕으로부터 가장 큰 사랑을 받는 아내였기 때문에 다른 아내들은 그녀를 질투하여 그녀를 없애버릴 계획을 세웠다. 왕이 없는 틈을 이용하여 여섯 명의 왕비가 소녀에게 말했다.

"매우 아름다운 머리카락을 가지고 있구나. 우리가 손질을 해줄게."

소녀는 한 치의 의심도 없이 그들에게 머리카락을 맡겼

다.

"잘라버려."

"핀을 꽂아볼까?"

"머리카락을 깃털로 바꿔."

"비둘기로 만들어 궁전 밖으로 쫓아내자."

여섯 왕비는 서로 앞다투어 소녀의 머리카락을 잡아당겼고 결국 소녀는 비둘기로 변해 숲속으로 날아갔다. 이 나무, 저 나무로 옮겨가며 날아다니던 비둘기는 매일 궁전의 벽에 걸터앉아 슬픔의 노래를 불렀다.

"나는 사과에서 태어나 황량한 곳에 던져졌네.

가젤이 나를 키웠고 나는 가젤과 함께 살았다네.

왕이 나를 보고 나를 사랑하였고 나를 잡아 궁전에 데려갔다네.

나는 왕궁에 가서 왕과 결혼하였지만, 나쁜 왕비들이 나를 기만하고 괴롭히고 머리카락을 잘라 나를 날게 했다네.

그래서 나는 하늘을 나는 새가 되었다네."

소녀는 이렇게 노래를 마쳤다. 그녀가 다시 날아오르자, 궁전의 벽이 무너졌다. 매일 같은 일이 반복되었다. 소녀는 노래를 불렀고, 궁전은 계속해서 무너져 내렸다. 궁전은 곧 폐허로 변할 것이 분명했다. 이 일은 왕에게까지 전해졌고, 왕은 직접 비둘기의 모습을 보기로 했다. 그는 덤불 뒤에 숨어서 비둘기가 도착하기를 기다렸다. 그날도 비둘기는 벽 위에서 슬픔의 노래를 불렀고 노래가 끝나고 새가 날아오르자, 그 벽은 무너져 내렸다. 왕이 비둘기를 잡으려고 모습을 드러내자, 비둘기는 왕을 알아보고는 그의 어깨에 살포시 내려앉았다. 그리고 왕에게 그동안 자신이 겪었던 불행을 이야기했다. 비둘기의 말을 들은 왕은 그녀를 어루만지며 그녀의 몸에 박혀 있던 핀과 깃털을 뽑아내고 날개를 붙였던 끈도 잘라냈다. 이내 비둘기는 아름다운 여성의 모습을 되찾았다. 왕은 소녀에게 말했다.

"너를 이토록 고통스럽게 만든 여섯 아내의 운명을 네가 결정하여라. 네가 원하는 대로 해주겠다."

"모두 들보로 만들어서 왕궁을 다시 짓는 데 사용했으면 좋겠어요."

"그래. 그렇게 하자. 여봐라. 마법사 세 명을 데려오너라."

왕은 마법사들에게 여섯 아내를 들보로 바꾸라 명령했고, 곧 아내들은 대들보로 변했다. 이렇게 여섯 아내는 모두 사라졌고, 왕은 자신이 가장 사랑하는 소녀와 함께 행복하게 살게 되었다.

빈곤 이후의 풍요

옛날에 일도 없고 돈도 없는 몹시 가난한 남자가 살았다. 그는 하루 종일 숲속 나무 그늘에 할 일 없이 누워있었다. 어느 날 지나가던 젊은 과부가 나무 밑에서 졸고 있는 그 남자를 보고 물었다.
"아무것도 없는 이곳에서 무엇을 하는 것이죠?"
"나는 너무 가난하고 직업도 없소. 이곳이 내 피난처요. 매일 고독 속에서 숨을 쉽니다."
이 말을 들은 과부는 말했다.
"그럼 나와 결혼할까요?"
"안 할 이유가 없군요."
결국 그는 그 제안을 받아들였다. 결혼식 다음 날 아내는 그의 손에 약간의 모래와 매우 오래되어 보이는 책 몇 권을 쥐여주었다.
"이건 왜 주는 거요?"
"점쟁이가 되는 거예요."
그 말을 듣고 그는 무슨 소리냐며 못하겠다 했지만, 아내의 오랜 설득 끝에 점쟁이가 돼 보기로 했다. 그러고는 마을 입구에 가서 자리를 잡고 앉아 앞에는 모래를 깔아두고 무릎에는 책을 올려두고 사람들을 기다렸다. 하지만 아무도 그를 쳐다보지 않았다. 계획이 수포가 되려던 그때, 두둑한 지갑을 가진 배불뚝이 남자가 그를 찾아왔다.

"말을 한 마리 잃어버렸습니다. 어떻게 찾을 수 있을까요?"

점쟁이는 알겠다는 표정을 짓고는 다음과 같이 말했다.

"당신에게서 말을 빼앗아 간 말의 발들이 귀환을 막을 만큼 강하지는 않을 것이오."

남자는 점쟁이의 답변이 만족스러웠는지 금화 한 냥을 지불하고 돌아갔다. 다음 날 그는 또다시 점쟁이에게 와 금화 한 냥을 더 주었는데, 정말로 그의 말이 제 발로 마구간에 돌아왔기 때문이다. 사실 그 부유한 남자는 왕의 신뢰를 받는 왕의 조언자로, 왕은 개인 재산을 도둑맞아 자기 금과 보석을 찾아 줄 훌륭한 점쟁이를 찾고 있었다. 왕의 조언자는 왕에게 그 점쟁이를 소개하였고, 점쟁이는 졸지에 왕의 개인 재산을 훔쳐 간 도둑을 찾아야 하는 처지가 되었다. 점쟁이는 자신의 실력이 탄로가 날까 겁에 질렸지만 침착하게 마음을 가다듬고 왕에게 40일이라는 시간과 40일 동안 먹을 식량으로 왕궁의 부엌에서 만든 양고기 요리를 요청했다.

"나흘이 열 번이면 이 맛있는 음식과 함께 우리의 목숨도 사라지겠지."

점쟁이는 자신의 실패를 예상하며 사형 선고를 기다리는 마음으로 하루하루를 보냈다. 그러나 신은 그와 함께였다. 39일이 되는 날 자정에, 발각되어 벌을 받을까 두려웠던 도둑들이 비밀리에 그의 집 문을 두드려 왕의 금화와 보석들을 돌려줬던 것이다. 이는 철저히 비밀에 부쳐졌다. 다음 날 허락된 시간이 끝나자, 점쟁이는 왕궁에 가서 금화와 보석을 왕에게 건넸다. 그렇게 그는 죽는 날까지 왕의 총애를 받는 신하가 되었다.

작은 비둘기

옛날에 작은 새들을 매우 좋아하는 왕자가 있었다. 어느 날 그가 좋아하는 비둘기 중 하나가 도망을 갔다. 낙담한 왕자는 그 비둘기를 찾으러 뜰 사이사이를 정처 없이 헤맸다. 그러던 중, 반쯤 열린 창문 사이로 대낮처럼 어여쁜 소녀와 검고 못생긴 소녀를 보았다. 어여쁜 소녀는 그녀의 주인인 못생긴 소녀 곁에서 바쁘게 바느질을 하고 있었는데, 못되고 불쾌한 인상을 주는 주인과는 달리 온순하고 참을성 있는 모습이었다. 어여쁜 소녀의 아름다움에 반한 왕자는 그녀를 아내로 삼고 싶었다. 그래서 재봉사인 그녀의 주인에게, 공주에게 어울리는 옷과 치장할 것들을 준비해달라고 부탁했다. 왕자의 요청을 받은 재봉사는 마음속에 분노와 시기심을 가득 품고는 어여쁜 소녀가 결혼식에서 입을 옷을 만들기 시작했다. 어느덧 어여쁜 소녀와 왕자의 결혼식 날이 다가왔다. 재봉사는 어여쁜 소녀에게 다가와 이렇게 말했다.

"예쁘기도 하지. 오늘은 내가 너의 아름다운 머리를 매만져줄게."

소녀는 아무런 의심 없이 재봉사 곁으로 갔다. 재봉사는 그녀를 작업대 근처에 있는 의자에 앉히고는 거칠게 머리채를 잡았다. 그리고는 천을 고정하는 데 사용했던 50여 개의 핀을 그녀의 머리에 강하게 내리꽂았다.

핀이 머리에 박혀 고통에 몸부림치던 소녀는 하늘을 보며 간청했다.

"신이시여, 제가 이 땅을 떠나 작은 새들처럼 가볍게 하늘을 날 수 있도록 해 주십시오."

그 순간 소녀는 사라졌고, 목이 하얀 작은 비둘기가 반쯤 열린 창문 너머로 날아갔다. 그 새는 왕자가 잃어버린 새와 닮아있었다. 결국 검고 못생긴 재봉사는 어여쁜 소녀의 옷을 입고 베일 속에 숨어 들어 왕자의 아내가 되는 데 성공했다. 그러던 어느 날 왕자가 그의 방에서 한낮의 더위를 피해 잠시 쉬고 있을 때, 감미로운 새의 노랫소리를 듣게 되었다.

"오! 나는 그 누구보다도 아름다웠지. 나는 왕자님의 사랑을 받았지. 나는 하루 종일 뜰 사이를 날아다니는 작은 비둘기 신세가 되었지만 검은 피부의 소녀는 왕자의 아내가 되었지."

노래를 들은 왕자가 시종을 불러 말했다.

"어서 가서 저 작은 비둘기를 나에게 데려오너라."

그렇게 왕자의 발치에 놓인 비둘기는 다시 노래했다. 새를 너무나 사랑하는, 그리고 자신이 가장 좋아했던 비둘기를 잃고 그토록 눈물을 쏟았던 왕자는 감미로운 노래를 하는 이 작은 비둘기를 애지중지했다. 그러던 어느 날 왕자는 여행을 떠나게 되었다. 꽤 오랜 시간 집을 비우게 된 왕자는 시종을 불러 말했다.

"내가 얼마나 소중히 여기는지 잘 알지? 이 비둘기를 잘 보살펴주거라. 내가 새에게 했던 것과 똑같이 잘 돌봐주어야 한다"

하인은 약속했다. 하지만 왕자의 부인이 이 이야기를 듣고 말았다.

"어떻게 왕자님이 나보다 저 더러운 새를 신경 쓸 수가 있지?"

화가 난 그녀는 하인을 불렀다.

"새를 잡아라. 즉시 목을 베고 구워 버려라."

하인은 만류했다.

"하지만 그럴 수 없습니다."

"나는 저녁 식사로 그것을 먹겠다."

하인은 차마 그 말을 거스를 수 없었다. 그는 칼을 들고 그 불쌍한 작은 비둘기를 죽였다. 비둘기가 죽었다는 사실에 만족한 왕자의 부인은 왕자가 오기만을 기다렸다. 하지만 그녀는 새의 피가 흘렀던 그 자리에 사과나무의 작은 가지가 눈에 띄게 자라나고 있는 것을 깨닫지 못했다. 곧 사과가 열렸고 그중 하나는 나무 꼭대기에서 다른 사과들과 비교할 수 없이 더 아름답고 찬란하게 광채를 뿜냈다. 놀랍게도 그것은 핀으로 둘러싸여 빛나는 모습이었다.

"내 비둘기를 가져와라."

왕자는 왕궁에 도착하자마자 명령했다. 그러자 부인이 말했다.

"왕자님, 우리가 정성 들여 보살폈는데도 새가 날아가 버렸지 뭐예요."

화가 난 왕자는 밖으로 나가서 새를 찾아 정원을 돌아다녔다. 그 순간 아름다운 사과가 달린 사과나무가 그의 눈에 띄었다.

"이것이 무엇이냐? 한 겨울에 사과가 주렁주렁 달린 사과나무라니. 저기 어여쁜 소녀의 얼굴처럼 햇빛에 반짝이는 사과를 나에게 가져다주어라."

왕자가 자신을 따라오던 하인에게 말했다.

하인이 사과를 따서 왕자에게 건네주려던 찰나 사과가 땅에 떨어져서 깨져버렸다. 깨진 사과 속에서는 어린 소녀가 나왔고 너무 아름답고 눈부신 나머지 왕자는 깜짝 놀라고 말았다.

"너는 누구냐."

왕자가 물었다.

"저를 알아보지 못하시나요?"

소녀는 대답하며 왕자에게 안겼다.

"제가 바로 당신이 결혼하기로 한 그 소녀입니다. 결혼식 날 밤 내 주인이 내 머리에 수십 개의 핀을 꽂았지요. 너무

괴로워서 견딜 수 없었습니다. 그래서 작은 비둘기가 되었지요. 당신은 나를 발견했고, 나는 당신에게 아름다운 노래를 불러 주었습니다. 당신이 여행을 떠났을 때, 내 자리를 차지한 당신의 검은 부인은 나의 목을 베었지요."

분노한 왕자는 사악한 부인을 쫓아내 닭장 청소를 담당하는 하인들과 함께 두었다. 그리고 왕자는 아름다운 소녀와 결혼하여 행복하게 살았다.

황금알을 품은 암탉

옛날 옛적에 술탄을 위해 일하는 몹시 가난한 노파가 있었다. 그녀는 어린 손녀딸 '파트마'와 함께 오래된 오두막에 살았다. 어느 날 할머니가 일을 나갔을 때, 닭 장수가 오두막 앞을 지나게 되었다. 손녀는 그를 불러 암탉의 가격을 물었다.

"당신이 가진 돈 전부요."

상인이 대답했다. 손녀는 순진하게도 할머니가 저축한 얼마 안 되는 돈을 찾아 닭 장수에게 주고 예쁜 암탉 한 마리를 얻었다. 저녁이 되고 할머니는 집에 돌아왔다. 파트마는 할머니에게 아름다운 암탉을 보여 주었다.

"얼마나 냈니?"

할머니가 물었고 손녀딸은 대답했다.

"저 작은 가방에 있는 것 모두요."

"뭐라고? 부엌에서 암탉과 함께 밤을 보내거라."

화가 난 할머니는 파트마를 부엌으로 내보냈다. 손녀딸은 울면서 용서를 구했지만, 할머니의 화는 누그러들지 않았다. 어느덧 밤이 깊어졌고, 아이는 누군가 문을 두드리는 것 같은 소리를 들었다. 겁이 많았던 아이는 벌벌 떨며 주위를 둘러보다가 암탉이 방금 낳은 알 하나를 발견했다. 그 알은 파트마가 이전에 보던 것들과는 매우 달랐다. 황금알이었던 것이다. 파트마는 그 알을 들고 할머니에게로 가서 말했다.

"황금알이에요. 이 암탉이 우리에게 행운을 가져다줄 거예요."

그 후 매일 암탉은 황금알을 낳았다. 그 때문에 할머니는 더 이상 술탄의 궁전에서 일할 필요가 없어졌다. 그녀는 많은 땅을 샀고 술탄의 궁전과 비슷한 모습의 집을 지어서 그 집을 호화롭게 꾸몄다.

한편 노파가 더 이상 일하러 오지 않는 것을 이상하게 여긴 술탄의 부인은 하인을 보내 노파의 안부를 알아보게 하였다. 하인은 힘겹게 오두막이 있던 자리를 찾았지만, 그곳에는 더 이상 오두막은 없었다. 하인은 궁전으로 돌아가서 본 것을 모두 말했다. 하인의 말을 믿을 수 없었던 술탄의 부인은 직접 가서 무슨 일이 있었는지를 알아보기로 했다. 하지만 그녀 역시 자신이 본 것에 놀랄 수밖에 없었다. 오두막이 있었던 자리에는 호화로운 궁전이 있었던 것이다. 그녀가 궁전 안으로 들어가자, 노파가 그녀를 맞이하러 나왔다. 술탄의 부인은 노파에게 어떻게 부자가 되었는지를 물었고 노파는 여태까지 있었던 일을 이야기해 주었다. 노파의 말을 들은 술탄의 부인은 암탉을 보고 싶었다. 노파는 그녀를 꽃향기가 가득한 거대한 정원으로 안내했다. 그 한가운데에는 아름다운 유리 우리가 세워져 있었다. 바로 암탉의 우리였다. 그리고 그 우리의 한가운데는 황금알들을 품고 있는 암탉이 있었다. 이를 본 술탄의 부인은 질투에 눈이 멀어 칼을 꺼내 암탉의 목을 자르고는 서둘러 집으로 돌아갔다.

다음 날 노파와 손녀딸은 암탉이 있던 자리에 연못이 생긴 것을 보고 깜짝 놀랐다. 그들은 무슨 일이 있었는지 알아보기 위해 연못에 몸을 담갔다. 하지만 그들이 연못에서 나온 순간 놀랍게도 그들은 서로를 알아보지 못할 정도로 변해있었다. 연못의 물이 그들에게 젊음과 아름다움을 선사한 것이다.

얼마 후 노파의 집에서 일어난 신기한 일을 알게 된 술탄의 부인은 연못에 몸을 담가 젊음과 아름다움을 되찾고자 하였다. 하지만 그녀가 노파의 집으로 가 연못에 발을 담그기가 무섭게 그녀는 산채로 불타버리고 말았다. 그것을 본 노파는 겁에 질려 술탄에게로 가서 무슨 일이 일어났는지를 빠짐없이 이야기했다.

"질투로 벌을 받았구나."

술탄은 이렇게 말하고는 노파와 그의 손녀딸 파트마를 궁전에 머물게 했다. 그리고 술탄은 그녀를 아들의 짝으로 점 찍었다.

전 설

시디 만수르에 대한 전설

'시디 만수르'는 농부의 집에서 일을 하는 사람이었다. 그는 매일 밭을 갈러 나갔다. 어느 날 농부는 시디 만수르가 일을 잘하고 있는지 확인하려고 올리브 나무 뒤에 숨어서 그 광경을 지켜보았다. 말이 쟁기를 당기면서 각각의 고랑을 빠짐없이 갈고 있는 것을 보았지만 놀랍게도 만수르는 곁에 없었다. 만수르를 찾아다닌 농부는 결국 올리브나무 아래에 누워 잠을 자는 그를 발견하고는 아내에게 외쳤다.

"부인! 어서 와서 봐 봐요. 빨리 와요. 만수르가 마법사였어."

"마법사요?"

"그는 여기서 자고 있고 말이 혼자 일을 한다니까."

농부와 아내는 마을로 가 이웃들에게 이 소식을 알렸다. 하지만 이웃과 함께 만수르에게로 가려던 때 말을 타고 집으로 돌아오는 그와 마주쳤다. 사람들은 멈춰 섰다. 그 누구도 감히 만수르에게 질문을 하지 못했다. 그날 이후 만수르에게는 가장 맛있는 음식, 가장 멋진 방이 주어졌다. 농부도 결코 그에게 화를 내지 않았다. 그렇게 몇 년이 지난 어느 날 아침 만수르는 몸을 일으키지 못했다. 농부를 부른 그가 말했다.

"이제 일을 못 할 것 같네요. 전 곧 죽을 거예요."

그 말을 들은 농부가 말했다.

"죽다니요. 당신은 아직 강합니다!"

만수르가 말했다.

"나는 내가 죽을 거라는 사실을 알고 있습니다. 매일 같이 당신을 위해 일해왔던 저를 위해 제가 죽으면 내 마지막 부탁을 들어줄 수 있겠지요? 제 말을 데려와서 말 등에 제 시체를 묶어 올린 다음 풀어주세요. 그리고 그 말을 따라가세요. 말이 멈추는 곳이 있을 텐데 그곳에 저를 묻어주세요. 그것이 신이 원하는 방식입니다."

만수르는 죽었다. 사람들은 그가 말한 대로 따랐고 그는 말이 멈춘 곳에 묻혔다. 그를 존경했던 사람들은 매번 마법사를 키웠는데 이는 아직도 스팍스 지역 근처에서 찾아볼 수 있는 풍경이다. 오늘날에서 신은 여러 기적을 행한다. 양이나 다른 동물을 제물로 바치면 병든 사람을 고치고, 위험에 처한 사람들을 구원한다. 그러나 약속을 지키지 않는 자들에게는 엄중한 벌을 내리기도 한다.

양을 치는 자, 시디 알리 칸피르에 대한 전설

'시디 알리 칸피르'는 양을 치는 목자였다. 그는 하루 종일 양을 지키며 생각에 잠기고는 저녁이 되면 양을 우리로 데려갔다. 어느 날이었다. 그는 생각에 잠겨 양들과 함께 걷고 또 걷다가 집에서 매우 멀리 떨어진 곳까지 가게 되었다. 어느덧 시간이 많이 지나 그와 양들은 모두 목이 마른 상태였다. 시디 알리 칸피르는 큰 바위에 다가가서는 그것을 주의 깊게 살펴보고 그의 지팡이로 그것을 내리쳤다. 그러자 바위에 홈이 생겨 마치 여물통 같은 모양이 되었다. 그가 한 번 더 지팡이로 바위를 내리치자 홈에 물이 가득 찼다. 그는 그 물을 마시고 양들에게도 먹인 후 집으로 돌아왔다. 그 후에도 매일 그는 맛 좋은 풀이 무성히 자라있는 그곳을 들렸다. 저녁이 되면 지팡이로 바위 홈의 물을 채웠고 그 물로 양들은 목을 축였다.

오늘날에도 바르디메스 지역에는 시디 알리 칸피르의 여물통이 남아있다. 양치기 소년들은 모두 그곳을 알고 있다. 하지만 시디 알리 칸피르도 죽고 그의 지팡이도 그와 함께 묻혔기 때문에 여물통은 영원히 채워질 수 없게 되었다.

시디 알리 칸피르에 대한 전설

오래전 시칠리아인들이 범선을 타고 케르케나 제도를 약탈하러 왔다. 한 마을 사람이 지평선에 보이는 돛들을 발견하고는 사람들에게 외쳤다.

"무장하라! 시칠리아인들이다! 다섯 척의 배가 오고 있다!"

약탈하러 온 시칠리아인들을 본 사람들은 어찌할 바를 몰라 겁에 질렸다. 여인들은 얼굴을 묻고 흐느껴 울었다. 그때 '시디 알리 칸피르'라고 불리는 사내가 사람들에게 말했다.

"종려나무 잎을 자르러 갑시다."

잠시 후 그들은 종려나무 잎을 등에 무겁게 지고 돌아왔다. 시디 알리 칸피르가 말했다.

"잎을 해안가에 가서 차례로 심읍시다. 그리고 어서 옷가지들을 모두 챙겨 오세요."

그들은 집에 있는 옷을 모조리 가져왔다. 그러고는 시디 알리 칸피르의 명령에 따라 잎사귀들에 옷을 입히고 그 뒤쪽에 몸을 숨겼다. 이윽고 시칠리아인들이 도착했다. 돛을 내린 그들은 해안가에 수많은 사람이 모여 있는 것을 보았다. 그들을 즉시 화살을 날렸다. 가끔 바람에 날리는 옷가지들을 제외하고는 아무것도 움직이지 않았다. 잠시 후 잎 뒤에 숨어있는 마을 사람들은 가지고 있는 대여섯 개의 총으로 한꺼번에 그들을 향해 발사했다. 후퇴하지 않고 맞서는 사람들 앞에서 시칠리아인들은 겁에 질려 돛을 올리고 전속력으로 케르케나 제도를 떠났다.

코르부스에 얽힌 전설

아랍인 우두머리들이 치료를 위해 온천 마을 코르부스에 왔다. 그들은 하루 종일 온천을 차지했지만 매우 부자였던 그들에게 아무도 감히 말을 꺼내지 못했다. 이런 상황이다 보니 다른 환자들은 온천에 몸을 담글 수조차 없었다. 그중에는 딸과 함께 온천에 온 노인도 있었다. 그 노인은 병으로 매우 고통스러워하고 있었다. 그 모습을 본 그의 딸은 그의 고통을 줄여줄 수 있는 방법이 없다는 사실에 매우 슬퍼했다.

'아버지 병은 나아지지 않을 거야. 아랍인 우두머리들이 하루 종일 온천을 차지하고 있잖아. 우연히 한 자리가 빈다 해도 가난한 아버지가 사용할 수는 없겠지. 가장 많은 돈을 제시한 사람에게 우선 배정되니까. 어떻게 하면 아버지의 고통을 줄여드릴 수 있을까?'

절망에 빠진 딸은 해변으로 가서 울며 기도를 올렸다. 그 순간 기적이 일어났다. 그녀의 눈물이 땅에 떨어진 순간 땅에서 작은 물방울이 솟아 나오더니 점점 커져 끓어오르는 온천수가 된 것이 아닌가? 딸은 신의 음성을 들었다.

"절망하지 말거라. 가난해도 괜찮다. 아랍인들의 횡포가 있어도 상관없다. 저쪽 온천과 동일한 온천을 너에게 줄 것이니. 너의 아버지가 이 물에 몸을 담그면 병은 금방 완쾌될 것이다."

검에 얽힌 전설

아랍인 장수 '시 압달라'가 '엘 젬'이라는 도시에서 베르베르인 여전사, '라 카헤나'를 생포했다. 계속되는 감시에도 불구하고 라 카헤나는 그녀만이 알고 있는 지하 통로를 통해 탈출에 성공했다. 이 소식을 들은 시 압달라는 분노하여 군사들을 불러 말했다.

"그녀를 추격해라. 어떤 대가를 치르더라고 꼭 잡아야 한다."

하지만 라 카헤나는 이미 멀리 도망가서 부코르닌 산줄기를 무사히 관통한 뒤였다. 게다가 당시에는 바다가 산 밑까지 들어와 있었다.

부르코닌 산 아래 도착한 시 압달라는 라 카헤나를 잡을 수 없다는 사실을 깨달았다. 절망에 휩싸인 그는 신께 기도했다.

"신이시여, 이 정복이 성공하길 원하신다면 저를 도와주십시오."

이렇게 말하며 그는 들고 있던 검으로 산을 힘껏 내리쳤다. 놀랍게도 산이 갈라졌고 그사이에 군사들이 지나갈 수 있을 만한 좁은 길이 생겼다. 그들은 전속력으로 산을 통과했다.

'아랍인 장수는 나를 절대 잡을 수 없을 거야. 산을 넘어야 할 테니. 이제 나는 살았구나.'

라 카헤나가 이렇게 생각하던 찰나 아랍 군사가 그녀를 포위했고 그녀를 잡아 목을 쳤다.

우에드 엘 바글라 강에 얽힌 전설

어느 날 아글라비트의 왕 '브라힘 엘 아그이압'이 금 상자 두 개를 노새에 싣고 '수스'라는 도시로 길을 떠났다. 강가에 도착한 왕은 멈춰서 숨을 고르고는 노새가 도망가지 못하도록 말뚝에 고삐를 매어 두고 잠시 자리를 비웠다. 돌아온 그는 깜짝 놀랐다. 물을 마시려고 강가에 간 노새가 강물에 휩쓸려 강 한가운데까지 가버린 것이다. 왕은 온 힘을 다해 고삐를 당겼다. 노새와 금 상자 모두를 잃을 수는 없었다. 하지만 안타깝게도 고삐는 끊어졌고 잠시 후 노새와 금 상자는 물에 가라앉고 말았다.

몇 년이 지나고 왕은 같은 장소를 지나가게 되었다. 그곳에서 그는 물 위에 뜬 말갈기 몇 가닥을 발견했다. 그중에 하나를 잡아당긴 그는 깜짝 놀랐다. 노새와 금 상자가 딸려 나온 것이다. 하지만 기분이 상했던 그는 그것들을 발로 밀어내며 외쳤다.

"나를 무시하는 것이냐? 가증스러운 것. 고삐를 끊어내고 가버렸던 네가 가느다란 갈기 한 올에 끌려온다는 것이 말이 된다고 생각하느냐?"

아이드 엘 케비르 축제에 얽힌 전설

옛날 옛적에 '브라힘 할릴'이라 불리는 무슬림이 살았다. 그에게는 '사독'이라는 여섯 살 된 어린 아들이 있었다. 그는 그 아들을 무척이나 애지중지했다. 어느 날 신은 브라힘이 참된 신자인지 확인하려는 목적에서 그를 시험해 보기로 했다.

"브라힘아, 나에 대한 너의 사랑을, 아들을 제물로 바쳐 증명해 보일 수 있겠느냐?"

슬픔으로 마음이 무거웠지만 충직한 신자였던 브라힘은 사독을 먼 숲으로 데려갔다. 걷는 동안 사독은 나무들이 말하는 소리를 들었다.

"네 아버지가 너를 죽일 거야!"

사독이 아버지에게 물었다.

"아버지, 나무들이 말하는 것이 사실인가요?"

아버지가 대답했다.

"아들아, 그들의 말을 들을 필요 없다."

그들은 계속해서 길을 갔다. 새들은 종려나무와 선인장 위에 앉아 노래를 불렀다.

"네 아버지가 너를 죽일 거란다."

그 노랫소리를 들은 사독이 또다시 물었다.

"아버지, 새들의 말이 사실인가요?"

아버지가 대답했다.

"아들아, 그들의 말을 들을 필요 없다. 그들은 거짓말을 하고 있어."

마침내 그들은 산에 도착했다. 산은 사독에게 말했다.

"네 아버지가 너를 죽일 것이다. 그럼 난 너의 피로 배를 채울 수 있겠구나."

그 말을 들은 사독이 말했다.

"아버지, 산은 거짓말을 하지 않아요. 제가 죽는 것이 사실이군요. 하지만 저는 상관없어요. 하지만 제 피로 아버지의 옷을 더럽히지 않도록 조심히 해주세요. 어머니가 속상해하실 테니 말입니다."

브라함은 사독의 손을 등 뒤로 묶고는 눈을 가렸다. 그러고는 칼을 꺼내 눈물이 가득한 눈으로 '알라의 이름으로'라고 말하고 칼을 아들의 목 쪽으로 두 번이나 가져갔다. 하지만 그는 아들을 죽일 수 없었다. 세 번째로 아들을 죽이려던 찰나 천사가 나타나 브라힘의 팔을 잡았다. 그리고 그의 앞에 하늘에서 가지고 온 양 한 마리를 놓고는 브라힘에게 이렇게 말했다.

"브라힘, 신께서는 너를 인정하셨다. 아들을 살려두고 이 짐승을 제물로 바치거라."

그날 이후로 무슬림들은 매년 아이드 엘 케비르 날에 여러 마리의 양을 도살하게 되었다.

사이다 엘 마누비아에 얽힌 전설

몽플뢰리에 있는 고등사범학교 앞, 사이다 엘 마누비아 지역에는 다음과 같은 전설이 전해진다.

'라 마누바'라는 도시에 '아이샤'라고도 불리는 '사이다 엘 마누비아'가 살았다. 그녀는 후에 '시디 아모르' 혹은 '레일라 흘리마'라고 불리게 될 '아모르'라는 자의 유일한 여식이었다. 딸이 덕과 지혜로 명성을 얻기 전에 죽었던 그는 당시엔 일반 신자로 땅에 묻혔지만, 딸이 죽은 후에 성인으로 추대되어 다시 묻히게 된다.

아이샤는 열다섯의 어린 나이에 이미 세상과의 연을 끊고 기도와 명상에 몰두했다. 한창 친구들과 어울릴 나이에 친구들을 피하고, 도시 밖에서의 고독한 산책을 즐겼다. 매우 뛰어난 미인이었던 아이샤의 이런 행동으로 아버지의 걱정은 끊이지 않았다. 그래서 항상 딸의 행동에 대해 의문을 품고 꾸짖었다.

"아이샤야, 어디를 가느냐? 왜 혼자 외출하느냐? 그렇게 멀리 가면 나쁜 사람들을 만나게 될 거야."

하지만 아이샤는 아버지의 말을 듣지 않았다. 고독 속에서 명상하며 계속 걷고 또 걸을 뿐이었다.

그러던 어느 날, 아침 일찍 밭으로 가던 농부 몇 명이 마을 서쪽 커다란 캐롭나무 아래 앉아 이야기를 나누고 있는 아이샤와 '시디 벨 하센'을 보았다.

"아이샤의 아버지에게 말해줘야겠네."

농부들은 서둘러 시디 아모르에게로 갔다.

"시디 아모르, 당신의 딸이 시디 마레즈에 있는 커다란 캐롭나무 아래서 시디 벨 하센과 이야기를 나누고 있더군요!"

그 말을 들은 시디 아모르는 소중한 딸에게 안 좋은 소문이 생길까 두려웠다. 그래서 딸을 불러 심하게 꾸짖었다.

"아이샤, 이제 외출 금지다. 이제부터 항상 집에 있어야 할 것이다."

그 말을 들은 아이샤가 대답했다.

"아버지, 기적을 행해 아버지께 그리고 라 마누바의 모든 주민에게 제가 정숙하다는 것을 증명해 보이겠어요."

아이샤는 아버지의 소 두 마리 중 한 마리를 잡아 가죽은 남겨 두고 고기는 잘게 썰었다. 그리고 고기를 모두 이웃들에게 나누어 주고 뼈를 돌려달라고 요청했다. 뼈를 받아 든 아이샤는 그 뼈들을 가죽 안에 넣고 밤이 깊어질 때까지 소를 살려달라고 신께 기도했다. 자정이 되자 소가죽은 소가 되어 다시 일어섰다.

이 기적으로 아이샤는 아버지를 설득할 수 있었다. 하지만 아이샤를 자기 외아들과 결혼시킬 원했던 '시디 엘 아르비' 삼촌을 설득하진 못했다. 아이샤의 격렬한 저항에도 불구하고 결국 결혼이 성사되었다. 결혼식 날 저녁 아이샤는 마법의 화살로 그의 사촌이자 남편을 찔러 미치광이로 만들었다. 그리고 다음 날 아이샤는 죽은 채 발견되었다. 그녀는 신성한 수의를 입고 있었고 그녀의 옆에는 천사들이 가지고 온 들것이 놓여 있었다. 이 소식을 들은 라 마누바와 튀니스의 주민들은 현장으로 달려갔다. 그들은 서로 앞다투어 아이샤를 자기 도시에 묻길 원했다. 사람들은 두 쪽으로 나뉘어 내전을 벌일 차였다. 이 모습을 본 시디 아모르는 신에게 기도했다.

"아이샤를 둘로 만들어 주십시오."

그리하여 튀니스의 사람들과 라 마누바의 사람들은 각각 자기 도시에 아이샤를 묻을 수 있었다. 이것이 오늘날 두 개의 사이다 엘 마누비아가 존재하는 이유이다. 하나는 라 마누바에, 다른 하나는 튀니스 몽플뢰리에 말이다.

슬랏 프라이하 회당에 얽힌 전설

오래전 라하라의 작고 구불구불한 골목에 늙은 랍비와 그의 아내, 그리고 '프라이하'라고 불리는 외동딸이 살고 있었다. 사실 랍비 부부에게는 오랫동안 자녀가 없었다. 한참이 지난 후에야 신이 그들의 기도를 들어주어 지금까지 본 것 중 가장 예쁘고 발랄한 어린 소녀를 낳게 해주었는데, 그래서 그들은 딸의 이름을 '환희'라는 뜻을 가진 '셈하'라고 지었다. 어린 셈하는 아름답고 친절한 소녀로 자랐다. 이웃의 부탁을 거절한 적이 없었고 가난한 사람들을 위해서는 어떤 일도 마다하지 않았다. 어느덧 열여섯 살이 된 그녀를 좋아하지 않는 사람은 아무도 없었다. 온 동네 사람들은 물론이거니와 부모는 그녀만을 위해 산다고 해도 과언이 아니었다. 그래서 사람들은 그녀에게 '작은 기쁨'이라는 뜻을 가진 '프라이하'라는 별명을 붙여 주었다. 소녀에게 이보다 더 잘 어울리는 이름은 없었다.

프라이하는 부모님과 함께 콜론 거리의 오래된 집에 살았다. 그 집은 무슬림 가족이 오랫동안 살다가 유대인 가족에게 팔린 집 중 하나였다. 모든 아랍 집이 그렇듯 입구는 복잡하고도 긴 복도로 이어져 있었다.

어느 날 저녁이었다. 랍비 가족이 식사하는 중이었다. 갑자기 문을 세게 두드리는 소리가 들렸다. 부인이 말했다.

"도대체 누구일까요?"

"내가 가서 보고 오리다."

랍비는 이렇게 말하고 신발을 챙겨 긴 복도를 따라 서둘러 문으로 갔다. 문을 열자, 키가 큰 모로코인 두 명이 랍비를 기다리고 있었다.

"선생님, 부탁이 있어 찾아왔습니다. 선생님 댁 현관에 귀중한 보물이 있습니다. 저희만이 그 장소를 알 수 있지요. 오늘 자정에 와서 그것을 꺼낼 수 있도록 해 주시겠습니까?"

그 말을 들은 부부는 흥미를 느끼면서도 겁에 질려 잠시 대답을 망설였다. 이것을 본 모로코인들은 서둘러 그들을 안심시켰다.

"선량한 분들이시여, 전혀 두려워하지 않으셔도 됩니다. 우리는 당신들을 해치지 않습니다. 혹시 우리의 말이 의심스럽다면 안뜰로 연결되는 문을 잠가두시지요. 보물이 현관에 있으니, 현관 쪽에만 있다가 가겠습니다."

그러자 랍비는 두려움을 뒤로하고 고개를 끄덕였다. 프라이하는 구석에서 그들의 말을 듣고 있었다. 소녀의 눈은 호기심으로 반짝였다.

모로코인들이 떠나자, 랍비 가족은 중단되었던 식사를 서둘러 마치고는 각자 잠자리에 들었다. 얼마 지나지 않아 아늑하고 작은 방에서 두 노인의 코 고는 소리가 들렸다. 하지만 어린 프라이하는 쉽사리 잠에 들지 못했다.

'보물이라니. 어떻게 이런 일이 있을 수 있지? 도대체 어디에 보물이 숨겨져 있는 것일까?'

그녀는 이러한 생각에 사로잡힌 채 침대에서 한참을 뒤척였다. 시간이 얼마나 지났을까? 깊이 잠에 든 랍비 부부를 뒤로하고, 호기심을 견디지 못한 프라이하는 침대에서 일어나 까치발로 살금살금 안뜰 쪽으로 향했다. 안뜰로 연결된 문의 열쇠 구멍 사이로 희미한 불빛이 들어왔다. 프라이하는 구멍에 눈을 가져갔다. 두 명의 모로코인이 커다란 도자기에 짙은 냄새가 나는 향을 피우고는 마치 주술의 일부인 양 온갖 이해할 수 없는 몸짓을 하며 끊임없이 주문을 외우고 있었다. 그리고 그들 옆에는 작은 양초가 켜져 있었다.

그때 갑자기 복도 바닥에 있던 거대한 타일 중 하나가 움직이더니 그곳에 지하 통로가 드러났다. 프라이하는 놀라움에 숨을 죽였다. 모로코인 한 명이 재빨리 밧줄로 된 사다리를 타고 아래로 내려갔고 몇 분 지나지 않아 양손에 가득 금화를 들고 나타났다. 프라이하의 눈은 놀라움에 반짝였다. 그들은 그 후 몇 번을 왔다 갔다 했고 매번 두 손을 가득 채워 나타났다. 가지고 온 바구니며 상자들은 금방 채워졌다. 그들은 이 모든 것을 등에 지고는 문밖으로 나섰다. 다른 바구니를 가지고 오려는 것이 분명했다.

여전히 지하 통로는 열려 있었고, 작은 촛불도 계속해서 타오르고 있었다. 혼자 남겨진 프라이하는 조심스럽게 문을 열고는 통로 쪽으로 몸을 기울였다. 밧줄 사다리가 그대로 걸려 있었다. 소녀는 천천히 사다리를 내려갔다.

그곳에서 프라이하가 본 보물은 상상할 수 있는 것 이상이었다. 그중에서도 보석으로 아름답게 장식된 작은 상자가 그녀의 눈에 띄었다. 그것을 잡아 든 그녀는 재빨리 사다리를 올라가 타일 위에 올려놓고는 다시 아래로 내려갔다. 그 순간, 완전히 타버린 작은 양초의 불이 힘없이 꺼지며 지하 통로가 닫혔다. 깜짝놀란 소녀는 온 힘을 다해 비명을 질렀다.

한편, 프라이하의 어머니는 왠지 모를 불안감으로 잠에서 깨어나 딸을 찾았다. 그리고 딸이 없다는 것을 알고는 긴 복도를 지나 안뜰 쪽으로 향했다. 저 멀리 안뜰 문이 열려 있었다.

"프라이하! 프라이하! 어디에 있니?"

"어머니, 발밑에 있어요!"

프라이하의 목소리가 메아리쳤다. 하지만 그곳에는 현관을 장식한 커다란 갈색 타일들과 한쪽에 놓인 작은 상자만이 있을 뿐이었다. 딸의 목소리를 들은 어머니는 정신이 혼미해졌다. 고통에 몸부림치던 그녀는 상자를 구석으로 걷어차 버리고 랍비를 깨우러 달려갔다. 동네 사람들도 모두 불러 모았다. 모든 노력은 수포가 되었다. 기술자들을 불러 현관 전체를 꼼꼼하게 살펴보았지만, 프라이하는 어디에도 없었다. 마을에 이름난 마술사와 마법사를 모두 불러 모았지만 아무도 성공하지 못했다. 집을 찾아왔던 모로코 사람들도 다시는 볼 수 없었다. 너무나도 큰 충격을 받은 노부부는 결국 얼마 지나지 않아 세상을 떠나고 말았다. 하지만 죽기 전, 그들은 상자 속에 있던 보물들로 사랑하는 아이가 사라진 그 자리에 유대교 회당을 하나 짓고 프라이하의 이름을 따 '슬랏 프라이하'라고 불렀다. 이 작은 회당을 관리하는 노인 '슐루무'는 예배가 끝난 후 몇 차례 음성을 들은 일이 있었다고 전했다. 목소리를 듣고 급히 회당의 문을 열었지만, 그곳에는 아무것도 없었다. 어둠 속에서 작은 석유 등불만이 깜빡거리고 있을 뿐이었다.

인물 이야기

아미나의 어머니

'아미나'는 항상 활짝 웃고 있는 아주 귀여운 어린 소녀였다. 가난한 과부였던 그의 어머니는 아미나를 매우 사랑했다. 누군들 아미나를 예뻐하지 않을 수 있을까? 과부가 돈이 많았다면 아미나가 원하는 것을 모두 사주었겠지만, 그녀는 매우 가난해서 그럴 수 없었다. 그러던 어느 날 과부는 빗자루 밑에서 반짝반짝 빛나는 동전 한 닢을 발견했다. 하늘이 주신 선물이었다. 비록 적은 돈이긴 했지만, 과부는 매우 기뻐하며 식료품 상인 '알리'에게로 가서 동전 한 닢으로 살 수 있는 사탕이 없는지 물었다. 가게 주인은 크게 웃으며 낡은 상자에서 사탕 꾸러미를 꺼낸 후 그 밑에 있던 사탕 부스러기를 보여줬다. 엄지와 검지로 잡은 사탕이 너무나 작아서 과부가 그것을 두 번이나 다시 봐야 할 정도였다. 과부는 돈을 지불하고 사탕을 받아 집으로 돌아왔다. 아미나가 학교에서 돌아오자, 그녀의 어머니는 기쁜 얼굴로 딸에게 말했다.

"항아리 뚜껑 위에 너를 위해 사 온 사탕이 있으니 얼른 가서 한입에 넣어 먹거라."

하지만 아미나는 울면서 돌아왔다. 항아리 뚜껑 위에는 아무것도 없었던 것이다. 어머니는 곧바로 항아리로 갔다. 역시나 항아리 뚜껑 위에는 아무것도 없었다. 사탕과 같은 분홍색으로 된 희미한 자국이 있을 뿐이었다. 상황은 이러했다. 파리 한 마리가 사탕을 단숨에 삼켰고 목이 막혀 절반을 토해낸 것이다.

"어서 재판관님에게 가자."

과부가 말했다.

과부는 재판관에게 상황을 설명했다. 그러자 재판관이 말했다.

"그 당시에 당신 집에 돌아다니던 파리를 알아볼 수 있겠어요?"

과부가 말했다.

"물론이지요. 재판관님."

"좋아요. 그럼 그걸 발견하면 주저 없이 파리의 머리를 가격하세요."

재판관은 이렇게 말하며 아미나의 어머니에게 튼튼한 쇠막대를 주었다. 잠시 후 "저기야. 저기 그 파리가 있어!"라는 외침이 들렸고 둔탁한 소리 후 비명이 들렸다. 아미나의 어머니는 시체를 뒤로하고 방을 나갔다. 파리 한 마리가 재판관의 머리 위에 앉아있었던 것이다.

구두쇠 아부 엘 카셈과 그의 신발

한 대도시에 '아부 엘 카셈'이라는 매우 부유하지만 동시에 매우 구두쇠인 사람이 살고 있었다. 그는 칠 년 동안 같은 신발을 신고 있었는데 그 신발은 바닥이 닳아 없어질 때마다 덧대고 또 덧댄 상태였다. 신발이 너무 오래되고 무거워서 그의 발은 항상 상처투성이였다. 그러던 어느 날 그는 목욕탕에 가서 친구들을 만났다. 친구들이 말했다.

"아부 엘 카셈, 신발 좀 바꿔야겠어. 너무 형편없잖아. 신의 은총으로 너는 돈을 많이 벌었으니 신발 하나쯤 사는 것은 문제도 아니지."

그 말을 들은 아부 엘 카셈이 대답했다.

"너희들의 말이 맞지. 그것이 신의 뜻이라면!"

목욕을 마친 그는 그의 낡은 신발 옆에 새 신발이 놓여진 것을 발견했다. 친구들의 선물이라 생각한 그는 새 신발을 신고 헌 신발을 그곳에 놓아두고는 기쁜 마음으로 서둘러 집으로 돌아왔다. 하지만 그 새 신발은 아부 엘 카셈과 같은 시간에 목욕탕에 있었던 '르 무프티'라는 자의 것이었다. 르 무프티는 헌 신발을 보자 그것이 아부 엘 카셈의 것이라는 것을 금방 알아차렸다. 그의 신발은 너무나 유명했기 때문이다. 르 무프티는 하인들을 아부 엘 카셈의 집으로 보냈고, 하인들은 그곳에서 르 무프티의 신발을 찾았다. 아부 엘 카셈은 채찍질을 당했고 감옥에 갇혀 그곳에서 며칠을 보냈다. 감옥에서 풀려난 그는 신발을 강에 던져버리기로 결심했다. 너무나 무거웠던 신발은 빠르게 강물 속으로 가라앉았다. 하지만 머지않아 신발은 그곳에서 물고기를 잡던 한 어부의 그물에 걸리고 말았다. 어부는 신발의 주인을 찾아 아부 엘 카셈의 집으로 왔다. 그의 집 문의 닫혀 있는 것을 발견한 어부는 신발을 정원 쪽 창문으로 던져 놓고 돌아갔다. 정원에는 장미수가 가득 담긴 황금색 병들이 놓여 있었는데, 신발 때문에 그 몇몇이 산산조각 나고 말았다. 그것을 발견한 아부 엘 카셈의 분노는 하늘을 찌를 정도였다. 그는 한탄하며 그날 밤 바로 신발을 땅에 묻어버리기로 했다. 저녁이 되자 곡괭이 소리가 났고 그 소리를 들은 이웃들은 "도둑이야!"라고 외쳤다. 아부 엘 카셈은 또다시 감옥에 갇혔고 벌금을 내라는 통보를 받았다.

아부 엘 카셈은 이 신발을 절대 버리지 않겠다고 다짐했다. 그래서 그것을 세탁한 후 정원에서 말렸다. 떠돌이 개한 마리가 그곳을 지나가다가 신발을 발견해서는 입에 물고 정원과 정원 사이를 뛰어넘었고 그 신발은 어느 불쌍한 자의 머리 위에 떨어져서 그를 다치게 했다. 지나가던 행인들은 그 신발이 아부 엘 카셈의 것임을 금방 알아보았다. 또다시 투옥된 아부 엘 카셈은 치료 비용을 모두 지불해야만 했다. 돈이 흥청망청 쓰이는 것을 두려워한 그는 재판관을 찾아갔다. 재판관은 앞으로 이 신발과 아부 엘 카셈은 아무런 관련이 없다는 사실을 만천하에 선언했다.

나에겐 암탉이 있었지

옛날에 한 노부인이 아들, 딸과 함께 살고 있었다. 그들은 너무나 가난해서 양모를 손질하는 일을 할 때마다 양모 몇 가닥씩을 숨겨 가져와 약간의 돈을 챙기곤 했다. 어느 날 노부인은 얼마 안 되는 모아둔 돈으로 병아리 한 마리를 샀다. 그러고는 아이들에게 알리지도 않고 옷장에 숨겨 놓고는 좋은 곡식을 골라 먹였다. 병아리는 곧 눈에 띄게 자라 적당한 크기의 암탉이 되었다. 암탉이 적당히 살이 오른 어느 날, 노부인은 들판에서 재미있게 놀고 오라고 아이들을 내보내고는 집에 혼자 남았다. 집에 아무도 없는 것을 확인한 노부인은 생각했다.

'잘됐군. 집에는 나뿐이니 닭고기를 배불리 먹을 수 있겠다.'

욕심 많은 노부인은 옷장에서 암탉을 꺼내 그것을 손질할 수 있는 사람을 찾아 나섰다. 마침 그곳을 지나가던 한 남자가 그 일을 맡았다. 하지만 그는 손질을 끝내고 돌아가기는커녕 노부인의 집으로 숨어들어 조용히 문 뒤에 몸을 숨겼다. 그 사실을 모르는 노부인은 열심히 맛있는 쿠스쿠스를 준비했다. 음식이 완성되자 노부인은 자리에 앉아 먹을 준비를 했다. 바로 그때 남자가 나와 노부인을 밀치고 쿠스쿠스를 먹어 치워 버렸다. 그러고 나서 그는 벽에 걸려있던 북을 노부인에게 쥐여주고는 노래를 부르라고 명령했다. 노부인은 노래를 시작했다.

"나에겐 암탉이 있었지. 하지만 사람들이 내 암탉을 다 먹어 치워 버렸지."

그녀가 노래하는 동안 그녀의 아이들이 집으로 돌아왔다. 아이들은 이상한 노래를 부르고 있는 어머니를 보고 놀랐지만 이내 상황을 알아차리고는 남자를 쫓아냈다. 그리고 어머니에게 이렇게 말했다.

"어머니의 탐욕으로 이 지경에 이르렀어요. 벌 받으신 거예요."

침묵의 게임

옛날 옛적에 마음씨 좋은 노부부가 행복하게 살고 있었다. 어느 날 노인이 말했다.

"이틀 후면 우리가 결혼한 지 50년이 됩니다. 알라의 은총으로 우리가 몇 번 더 결혼을 기념할 수 있을지 모르겠군요. 그러니 이번에 즐겁게 보내기로 합시다."

이틀 동안 그들은 즐거운 마음으로 잔치를 준비했다. 기념일 저녁이 다가왔다. 노인이 아름다운 자스민 꽃다발을 들고 집에 돌아왔을 때 집은 매우 깨끗했고 식탁도 이미 차려져 있었다. 부인은 먹음직스러운 고기가 듬뿍 담긴 환상적인 쿠스쿠스를 준비해 놓았다. 그들이 식탁에 앉아 한 술 뜨려는 찰나 남편이 말했다.

"부인, 집 문을 잘 닫았소?"

"아니요. 당신이 집에 들어오면서 닫지 않았어요?"

"기억이 안 나는군요. 당신에게 자스민을 주는 데 집중하다 보니. 당신이 가서 보고 오겠소?"

남편의 말을 들은 부인이 말했다.

"아니요. 일어나고 싶지 않아요."

남편이 말했다.

"자, 문을 닫았는지 알아보기 전에는 이 쿠스쿠스를 먹지 말기로 합시다. 기다리면서 쿠스쿠스를 쳐다보기로 하죠."

부인이 물었다.

"무엇을 기다리는 거죠?"

"우리 중 한 사람이 침묵을 깨면 그 사람이 집 문을 닫고 오는 것으로 하죠."

이렇게 침묵의 게임이 시작됐다. 잠시 후 한 거지가 와서 구걸했다. 문이 살짝 열려있던 터라 현관에 들어와서는 '알라의 몫'을 언급했다. 집안은 조용했다. 누군가가 없는지 살피며 부엌까지 들어온 그는 그곳에서 두 노인이 말없이 서로를 바라보고 있는 광경을 목격했다.

"알라의 몫을 주시오. 알라의 몫을 주시오."

아무도 대답하지 않았다. 그러자 거지는 식탁 앞으로 와서 고기를 한 조각, 두 조각, 차례로 집어 들었다. 마침내 그는 자리에 앉아 쿠스쿠스와 고기를 먹기 시작했다. 그는 남은 뼈들을 모아 목걸이를 만들어 노인의 목에 걸어주고는 집을 나섰다.

노부부는 여전히 침묵을 지켰다. 쿠스쿠스 냄새에 이끌려 개 한 마리가 집 안으로 들어왔다. 개는 떨어진 쿠스쿠스를 주워 먹더니 노인의 목에 걸려있는 뼈 목걸이를 향해 뛰어 올랐다. 노인은 아무 말도 하지 않았다. 결국 노인은 뼈를 물고 놓지 않는 개에 끌려가기 시작했다. 개가 노인을 문 쪽으로 끌고 가 문을 넘으려는 순간, 화가 난 부인이 말했다.

"좋아요. 개와 같이 가세요."
노인은 기쁨에 젖어 대답했다.
"부인, 당신이 졌어요. 당신이 문을 닫아야겠군요."

화가와 카페 주인

나의 삼촌 '아루'는 화가이자 장식 기술자였다. 어느 날 무어인 카페 주인이 자신의 카페 외벽을 장식해 줄 사람을 찾았다. 오랜 논의 끝에 카페 주인은 사자 무늬로 카페를 장식하기 결정하고 삼촌에게 가격을 물었다.

"풀어 놓은 사자는 20프랑이고 사슬에 묶인 사자는 30프랑입니다."

카페 주인은 풀어 놓은 사자로 카페를 장식하기로 하고 삼촌에게 일을 맡겼다. 일은 순조롭게 진행되었다. 작업이 끝나자, 카페 주인은 매우 만족했다. 그날 밤, 삼촌은 자다 말고 일어나 사다리와 붓, 석회를 준비해서 카페로 갔다. 그리고 그려놓은 사자를 지워버렸다. 그러고는 아침 일찍 카페 근처에 앉아 카페 주인이 도착하기만을 기다렸다. 주인은 도착하자마자 카페 벽에 사자가 사라진 것을 보고 당황해했고, 삼촌은 그 광경을 보고 즐거워했다. 삼촌이 카페 주인에게 다가가자, 주인이 말했다.

"이보게, 아루. 어제 자네가 틀림없이 사자를 그리지 않았나. 그런데 사자가 도대체 어디로 갔지? 보이지 않는구먼."

이 말을 듣고 삼촌이 대답했다.

"왜 놀라십니까? 당신은 풀어 놓은 사자를 원하지 않으셨나요? 사자가 도망친 것이지요."

장난꾸러기 아이샤

오래전 튀니지의 한 마을에 '아이샤'라는 못된 여자가 살고 있었다. 마을 전체가 그녀 때문에 곤란을 겪었다.

어느 날 그녀는 아름다운 집 앞을 지나가게 되었다. 그곳은 사람들로 북적였다. 한 소년이 세례를 받는 중이었기 때문이다. 궁금함을 견디지 못한 아이샤는 군중 사이로 슬그머니 들어가 소년을 붙잡았다. 그리고 그 아이의 옷을 모두 벗긴 후 한 유대인에게 가서 이렇게 말했다.

"이 아이의 아버지가 아이를 주는 대가로 팔찌와 귀걸이, 반지를 요구하네요."

아이샤는 유대인에게 이 모든 보석을 받아 들고 집으로 가서 며칠 동안 밖으로 나오지 않았다. 그동안 아이의 부모는 아이를 찾지 못해 애가 탈 지경이었다.

또 이런 일도 있었다. 어느 날 아이샤는 한 소녀가 사는 집에 들러 그녀와 함께 가자고 꾀어냈다. 아이는 신이 나서 아이샤를 따라나섰다. 아이샤는 한 방직소 앞을 지나다 멈춰 서서 그곳에서 일하는 청년에게 이렇게 말했다.

"이 아이와 결혼하고 싶나요?"

이를 수락한 청년은 근처의 집을 빌려 그날이라도 결혼하기를 원했다. 하지만 아이샤는 소녀를 방에 가두어 두었다. 소녀가 소리쳤다.

"내 남편이 될 그 청년은 어디에 있나요?"
청년도 말했다.
"내 아내가 될 그 소녀는 어디에 있나요?"
소녀와 청년이 서로를 애타게 찾고 있는 사이, 아이샤는 방직소에 가서 그 앞에 있던 나귀 주인에게 방직소에 있는 것들을 모두 그녀의 집에 가져다 놓으라고 말했다. 나귀 주인이 가게에 들어간 사이 그녀는 그의 당나귀를 훔쳐 도망쳤다.

한번은 아이샤가 식료품점에 가서 주인에게 이렇게 말했다.
"주인장, 제가 정육점까지 가기는 힘든데 나 대신 고기 좀 사다 주실 수 있을까요?"

그가 정육점으로 가자 아아샤는 별 볼 일 없는 물건들만 남기고는 식료품점 안에 있는 물건들을 모조리 훔쳐 갔다. 아니나 다를까 식료품점 주인이 왔을 때 그의 가게는 깨끗이 비워진 후였다.

방직공과 나귀 주인 그리고 식료품점 주인은 마을 전체를 혼란에 빠뜨리는 아이샤를 찾아 나섰다. 한참을 잠복한 끝에 그들은 아이샤를 잡는 데 성공했다. 나귀 주인은 그녀를 왕에게 데려가기로 했다. 왕에게 가는 도중에도 그녀는 가만히 있질 못했다. 그녀는 미용실 앞에 멈춰 서서 이렇게 말했다.

"여러분, 문 앞에 있는 제 아들 보세요. 그의 이 두 개가

썩어서 그걸 뽑아내야 한답니다."

이 말을 들은 미용사들은 나귀 주인에게 달려들어 그의 이 두 개를 뽑아버렸다. 그동안 아이샤는 계산대에서 돈을 훔쳐 달아났다.

아이샤가 도망가 버렸기에 나귀 주인은 또다시 그녀를 잡아 왕 앞으로 끌고 가야 했다. 왕에게 아이샤를 데려간 방직공과 나귀 주인, 식료품점 주인 그리고 미용사들은 그들이 겪은 고초를 이야기했다. 그들이 떠들썩하게 이야기하고 있는 사이 아이샤는 여왕에게 가서 말했다.

"여왕님, 저기 저 사람들 보이시지요? 제 아이들입니다. 왕궁의 하인으로 고용하시는 건 어떠세요?"

여왕은 기뻐서 그 대가로 아이샤에게 많은 돈을 주었다. 아이샤가 말했다.

"여왕님, 저는 저 문으로 나가고 싶지 않아요. 아이들을 두고 가기가 너무 슬프네요."

그렇게 아이샤는 방직공과 나귀 주인, 식료품점 주인 그리고 미용사들의 눈을 피해 유유히 사라졌다. 그녀가 말할 차례가 되었을 때는 이미 그녀가 사라져 버리고 난 뒤였다.

화가 난 사람들은 이번에 아이샤를 잡게 되면 먼저 왕에게 고하도록 하여 도망가지 못하게 해야겠다고 다짐했다. 곧 아이샤는 또다시 잡혔고 왕에게 끌려갔다. 왕은 그녀를 나무에 묶어두라고 명령했다. 다음 날 새벽, 아이샤를 묶어

둔 나무 앞으로 한 베두인이 지나갔다. 아이샤가 허공에 대고 소리를 쳤다.

"꿀 들어간 빵은 싫다니까요!"

맛있는 음식을 좋아했던 베두인이 그녀에게 다가와서 말했다.

"왜 그렇게 소리를 치는 거요?"

아이샤가 대답했다.

"사람들이 자꾸 꿀 들어간 빵을 먹으라고 하잖아요. 저는 그게 너무 싫어요. 제가 먹지 않겠다고 하니 사람들이 이렇게 저를 묶어 놨지 뭐예요."

이 말을 들은 베두인이 말했다.

"나는 꿀빵을 아주 좋아하오. 내가 당신 대신 묶여 있겠소. 내일 내가 빵을 다 먹어 치워 주리다."

아이샤는 베두인을 속인 것에 기뻤다. 그렇게 그녀는 나무에서 풀려났고 그녀 대신 베두인을 나무에 묶고는 유유히 사라졌다. 날이 밝자 사람들이 아이샤를 찾으러 왔다. 그러나 아이샤가 있어야 할 자리에는 한 남자가 묶여 이렇게 외치고 있었다.

"저는 꿀 들어간 빵을 아주 좋아한답니다. 아주 많이요."

"꿀 들어간 빵이라니!"

화가 난 사람들은 그 사람을 때리기 시작했다. 그리고 왕에게 가서 상황을 설명했다.

우여곡절 끝에 사람들은 아이샤를 붙잡아 큰 벌을 주었

다. 그리고 다시는 거짓말을 하지 않겠다는 약속을 받아냈다. 그녀는 약속을 지켰고 마을에는 마침내 평화가 찾아왔다.

조파의 병아리콩

'조파'라고 불리는 다섯 살 난 아들을 가진 어머니가 있었다. 어느 날 아침 그녀는 조파에게 이렇게 말했다.
"이 어미는 신께 기도를 올리고 오마. 얌전히 있거라. 여기 병아리콩이 있으니 기다리면서 먹거라."

어머니가 떠나자, 조파는 문가에 앉아 병아리콩을 하나씩 먹기 시작했다. 그러던 중 병아리콩 한 알이 바닥에 떨어졌고, 그곳을 어슬렁거리던 암탉이 목을 쭉 내밀어 콩알을 쪼아 삼켰다. 화가 난 조파는 암탉을 쫓아가서 붙잡고는 암탉의 목구멍에서 병아리콩을 빼내려 했다. 암탉은 울며 몸부림쳤고 그것을 본 주인이 달려와 무슨 일인지 물었다.

"암탉이 제 병아리콩을 먹었어요."
"별일 아니구나. 내가 너에게 병아리콩을 몇 개 가져다주면 되겠니?"

암탉의 주인이 말했다. 하지만 조파가 원한 것은 어머니가 준 그 병아리콩이었다.

"싫어요. 저는 제 병아리콩을 원해요. 암탉이 그것을 먹었으니, 암탉은 이제 내 것입니다."

주인은 조파에게 암탉이 병아리콩보다 더 가치 있다는 것을 설명하고 또 설명했지만 결국 노력은 수포가 되었다. 아이는 아무 말도 듣고 싶어 하지 않았다. 그래서 주인은 암닭은 두고 떠날 수밖에 없었다. 암탉을 손에 쥔 조파는 칼을 들고 앉아 암탉의 배를 가르고는 그 병아리콩을 꺼내 먹었다.

술탄의 아들과 제빵사의 딸

술탄의 아들은 매일 이웃에 사는 제빵사의 딸 '파트마'를 놀려댔다. 그러던 어느 날, 술탄의 아들은 어김없이 파트마를 놀렸고, 파트마는 화가 나서 말했다.

"당신 아버지 수염에 털이 몇 가닥 있는지, 하늘에 별이 몇 개 있는지 알아 오세요."

그 말에 기분이 언짢아진 술탄의 아들은 제빵사에게 그의 딸을 아내로 맞이해도 되는지 물었다. 제빵사는 승낙했다. 술탄의 아들이 자신을 죽일 것이라고 확신한 파트마는 결혼식을 며칠 앞두고 술탄의 아들처럼 변장한 후 집을 나섰다. 술탄의 아들이 자주 가는 보석상 가게에 도착한 그녀는 다음과 같이 말했다.

"내가 주문한 보석들은 어디에 있나요?"

"여기 있습니다."

보석을 받은 파트마는 그것을 던지며 말했다.

"내 아내가 이런 질 나쁜 보석을 좋아할 것 같나요?"

땅에 떨어진 보석은 산산조각이 났다. 다음으로 파트마는 재단사에게 가서 똑같이 행동했다.

"내 아내가 이런 질 나쁜 옷을 좋아할 것 같나요?"

그녀는 옷을 찢어버렸다.

이윽고 결혼식 날이 다가왔다. 제빵사의 딸은 과자로 그녀와 닮은 조각상을 만들고 그 안을 꿀로 채운 다음 의자에 앉혀두었다. 그것을 알 리 없는 술탄의 아들은 방으로 들어와 조각상 앞에 서서 말했다.

"나를 놀리다니 그렇게 기쁘더냐?"

술탄은 미소 짓는 조각상을 향해 단검을 꺼내 들었다. 잘린 조각상 사이로 꿀이 흘러나와 그의 입술에 닿았다.

"아, 그녀는 참 달콤한 사람이었구나. 다시 이런 사람을 찾지 못할 텐데."

그 말을 들은 파트마가 침대 밑에서 나와 말했다.

"저는 죽지 않고 살아있답니다."

술탄의 왕자는 파트마를 꼭 안고 그녀를 신부로 맞이했다.

위대한 칼리프와 그의 딸

위대한 칼리프에게는 딸이 하나 있었다. 어느 날 그는 우연히 세 남자가 이야기하고 있는 것을 듣게 되었다. 그중 한 명이 말했다.

"내가 바라는 것은 말 한 필과 돈이 가득 담긴 가방뿐이라네. 선량하고 능력 있는 우리 칼리프께서 하사하시면 좋으련만."

그러자 그 옆에 있는 사람이 말했다.

"내가 바라는 것은 말이 끄는 마차 한 대라네. 칼리프의 딸을 내 아내로 삼아 함께 타고 가면 좋으련만."

마지막 사람이 말했다.

"나는 아무것도 바라지 않네. 오직 신께서만 나를 도울 수 있어."

다음날 칼리프는 세 사람을 자신의 궁전으로 불러들였다. 그들은 자신들이 모르는 사이에 큰 잘못을 한 것은 아닌지 두려워하며 머리가 잘리는 큰 벌을 받지는 않을까 전전긍긍했다. 하지만 그들의 예상과는 달리 칼리프는 그들에게 그들이 원하는 것이 무엇인지 물었다. 그들은 이전에 말했던 것과 같이 말했고 아무것도 바라지 않는 사람을 제외한 두 사람은 원하는 것을 손에 넣었다. 다음 날, 칼리프는 세 번째 남자를 무어식 탕에 데려갔다. 그가 온탕에 들어가려던 찰나 갑자기 벽이 열리더니 첫 번째 친구의 말이 지나갔다. 친구는 이미 누군가에 의해 목을 졸려 죽어있었다. 그래서 그는 친구의 돈가방을 가지고 말에 올라탔다. 길을 가던 그는 마차 안에 혼자 앉아있는 칼리프의 딸을 발견했다. 두 번째 친구 또한 양동이에 물을 채우려다 강물에 빠져 죽었던 것이다. 청년은 마차에 올라타 칼리프의 딸과 함께 인근 마을로 가 함께 살기로 했다. 그러던 어느 날 질투심 많은 동네 사람이 이들을 죽일 계획을 세웠다. 그래서 들어가면 살아 돌아올 수 없는 정원으로 그 남자를 인도했다. 하지만 신의 뜻으로 그 남자에게는 아무 일도 일어나지 않았다. 그것을 본 마을 사람들은 깜짝 놀랐다.

어느 날 남자는 길을 가다가 한 궁전 앞에 멈춰 섰다. 열쇠 꾸러미를 든 한 노인이 그를 맞이했다.

"저는 오랫동안 당신을 기다리고 있었습니다."

노인은 남자에게 이렇게 말하고는 사라져 버렸다. 궁전이 자신의 것이 되었다는 사실에 기뻐한 남자는 서둘러 칼리프의 딸을 데리러 갔고, 그들은 그곳에서 행복한 삶을 꾸렸다. 선행을 베푸는 일도 게을리하지 않았다.

그렇게 몇 년이 지났다. 딸의 생사를 궁금해하던 칼리프는 변장하고 이 마을 저 마을을 돌아다녔다. 우연히 한 마을에 도착한 칼리프는 멋진 궁전 앞에 섰다. 궁전의 주인인 남자는 칼리프를 알아보고는 그에게 맛있는 음식을 대접했다. 칼리프는 궁전의 화려함에 압도되어 어찌할 바를 몰랐다.

"두려워하지 마세요."

남자가 말했다.

"누가 당신을 이토록 부자로 만들어 주었소?"

칼리프가 물었다.

"그에게 부를 주신 분은 신이십니다."

여자가 대답했다. 그 순간 칼리프는 딸의 목소리를 알아차렸다. 그는 딸을 꼭 안고 기쁨의 눈물을 흘렸다. 남자와 여자는 칼리프에게 그간 있었던 일을 모두 이야기해 주었다. 그들의 말을 들은 칼리프는 그들의 결혼을 정식으로 허락하였다.

버터 단지

'시디 아모르'에게 재산이라고는 버터 단지 하나뿐이었다. 그는 그것을 너무나 소중히 여기어 자기 방문에 조심스럽게 걸어놓고는 매일 다정한 눈빛으로 그것을 바라보았다.

"오! 나의 버터여, 부드럽고 향기롭구나. 너를 시장에다 내다 팔면 많은 돈을 벌어 그 돈으로 알을 많이 낳는 좋은 암탉을 살 수 있겠지! 곧 병아리들이 태어나 앞마당에서 삐악거릴거야. 병아리도 내다 팔면 튼튼한 낙타를 사서 장작을 카이로우안으로 운반할 수 있겠지. 금방 돈을 모을 수 있을 거야. 그러면 좋은 여자를 만나 아내로 삼고 아이들도 낳아야지. 내 아이들은 틀림없이 우리 마을에서 가장 귀여울 거야. 아이들을 학교에도 보내야지. 안 가면 내가 몽둥이로 때려 주겠어."

그는 이 마지막 말을 행동에 옮기려는 듯이 몽둥이를 힘차게 휘둘렀다. 그만 그의 버터 단지가 몽둥이에 맞아 깨지고 말았다. 암탉, 낙타, 결혼은 모두 물거품이 되었다. 꿈은 모두 사라지고 그는 홀로 남겨졌다.

여관 주인과 두 여행자

날씨가 무더웠던 어느 날 흰옷을 입은 두 남자가 흔들거리며 걷는 낙타 위에서 잠시 졸고 있었다. 먼 곳에서 일찍 길을 떠난 그들은 이윽고 작은 오아시스에 도착했다. 그들은 오아시스 옆 여관에 멈추고는 낙타에서 내려왔다. 그리고 낙타의 한 쪽 다리를 묶어 놓은 후 여관 안으로 들어갔다. 그곳은 매우 아름다운 숙소였다. 넓은 안뜰의 중앙에는 물줄기가 솟구쳐 올라 부드럽게 떨어지고 있었고 정원 주위는 돌기둥들이 회랑을 만들고 있었다. 회랑의 한쪽 구석에는 오래된 황금색 도기들로 꾸며진 수반에 시원한 물줄기를 뿌리는 분수도 있었다. 두 사람은 자리에 앉아 주인을 불렀다.

"주인장! 우리는 먼 곳에서 와서 좀 피곤하오. 하지만 사업이 잘된 터라 기분이 매우 좋다오. 우리에게 훌륭한 음식을 제공해 줄 수 있겠소? 급하지는 않소. 가격 상관없이 먹었으면 하오."

잠시 후 두 여행자는 자리에 앉아 식사를 시작했다. 우선 계란과 감자를 넣은 식전 빵이 제공되었는데 그것은 아주 뜨겁고 바삭했다. 다음으로는 양고기스튜가 나왔다. 향신료를 듬뿍 넣은 소스는 적절히 매콤했다. 그 후 쿠스쿠스가 나왔다. 라피아 덮개를 걷어내자, 그들은 감탄이 가득 담긴 함성을 질렀다. 노란색과 초록색이 섞인 커다란 도자기 그

릇에 쿠스쿠스가 가득 채워져 있었다. 피망, 토마토, 삶은 계란, 고기가 가득 담긴 그 모양새는 정말 다채로웠다. 잼처럼 걸쭉한 하리사 소스도 곁들어졌다. 없던 식욕도 생길 만한 요리였다. 그들은 정말 양껏 먹었다. 끊임없이 접시를 쿠스쿠스로 채웠고 매번 하리사 소스도 듬뿍 넣었다. 식사를 배불리 마치자, 그들은 여관 주인을 불러 그 솜씨를 칭찬했다. 그리고 말했다.

"그런데 우리가 양념을 너무 많이 먹었는지 도착했을 때보다 목이 마르는군요. 혹시 신선한 우유 몇 잔 가져다줄 수 있겠소?"

그러자 여관 주인이 말했다.

"손님, 우유는 이 지역에서 매우 희귀하고 귀중한 것입니다. 그래서 가격도 몹시 비싸지요."

"가격은 상관없소."

그들이 대답했다. 여관 주인은 우유를 찾으러 갔다. 그는 부엌에서 1리터 정도의 우유가 든 단지를 찾았다. 그리고 우유를 항아리에 붓고는 항아리를 가지고 강으로 내려갔다. 강가에서 그는 우유가 반쯤 담긴 항아리에 강물을 부어 그것을 채웠다. 그리고 여관으로 돌아와서 말했다.

"손님, 여기에 질 좋은 우유가 있습니다. 하지만 놀라지 마십시오. 이 지역의 우유는 물처럼 산뜻하고 가볍습니다만 갈증을 해소하는 데는 이만한 것이 없습니다. 저는 갓 짜낸 우유를 얻기 위해 많은 돈을 지불해야만 했지요. 하지만 손님께서 좋아하실 게 분명합니다."

여행자들은 우유 한 잔을 따랐다. 하지만 놀랍게도 물처럼 산뜻하고 가벼운 그 우유 속에는 작은 물고기들이 헤엄치고 있었다. 그들은 곧 주인의 계략을 알아챘다.

"어떻게 갓 짠 우유 안에 물고기들이 있을 수 있나요? 주인장, 당신은 우리 돈을 가로채려고 거짓말을 했군요. 부정직한 사람. 당신은 잔혹한 처벌을 받을 것이오."

여관 주인은 무릎을 꿇고 용서를 구했다. 가슴을 치며 사과했지만, 손님들은 꿈쩍도 하지 않았다. 결국 손님들은 그들이 먹은 맛있는 식삿값도 지불하지 않고 떠났고 주인은 절망에 빠졌다.

다누의 문

'다누'는 몹시 늙은 여자였다. 그녀의 얼굴은 깊은 주름으로 얼룩져 있었고, 흰머리도 듬성듬성했다. 오랜 세월에 피로로 지친 그녀의 몸은 구부정했다. 그래서 항상 몸을 구부리고 턱을 앞으로 내밀고는 짧은 지팡이에 힘겹게 기대어 걷곤 했다. 그녀는 존경받는 삶을 살았다. 모래로 사물의 이면을 볼 줄 알았기 때문이다. 풀로 만든 형편없는 돗자리에 쪼그려 앉아 앞에 펼쳐진 정사각형 회색 모래에 막대기로 신비한 표시를 그려내는 것이 그녀의 일과였다. 사실 그녀는 존경받는 점쟁이였다. 하지만 일상생활에서는 말할 수 없을 만큼 아둔했다. 어느 날 다누의 딸이 그녀를 찾아와서 말했다.

"어머니, 저 좀 나가 봐야 해요. 제가 없는 동안 집 문을 지켜 주실 수 있으세요? 제가 없는 동안 도둑이 들어올까 봐서요. 그럼 가볼게요."

이 말을 남기고 딸은 친구 집에 가서 즐겁게 이야기를 나눴다. 두 시간 정도 지났을까? 그녀는 어머니가 땀을 흘리며 무거운 짐을 이고 오는 것을 보았다. 그것은 다름 아닌 집 문이었다. 딸은 깜짝 놀라 말했다.

"어머니, 우리에게 불행이 닥쳤나요? 집에 도둑이 들었나요? 집이 무너졌어요? 오늘 저녁에 집에 가서 남편에게 뭐라고 말하죠?"

다누는 아무런 대답 없이 문을 천천히 벽에 세워 두고는 말했다.

"제 정신이니? 네가 말한 것을 잊었어? 네가 나에게 집 문을 지켜 달라고 하지 않았니? 너는 오지 않고 나는 일을 하러 가야 하니까, 내가 너를 안심시키려고 집 문을 가지고 왔단다."

딸은 대답도 하지 않고 집으로 달려갔다. 하지만 이미 도둑이 집에 들어와 모든 것을 가져가 버린 후였다.

파트마의 행복

옛날 옛적에 '파트마'라는 이름의 예쁜 소녀가 있었다. 그녀에게는 어머니가 없었다. 그녀를 키운 사람은 인색하고 못된 늙은 이모 '아이샤'였다. 어느 날 아이샤는 수탉을 사 와 이렇게 말했다.

"파트마야, 이것을 구워 놓거라. 내가 돌아오기 전까지 준비해 놓도록 해."

이모는 이렇게 말하고 집을 나갔다. 파트마는 요리를 시작했고 요리를 하는 그녀의 옆에 작은 고양이가 슬픈 울음소리를 내며 다가왔다.

"고양이야, 왜 울고 있니? 배가 고픈 것이로구나. 여기 이걸 가져가거라."

파트마는 수탉의 목을 고양이에게 던져 주었다. 저녁 식사 시간이 되었다. 아이샤는 곧바로 닭의 목이 없어진 것을 발견했다. 그녀는 얼굴이 빨개지도록 화를 내며 아이를 다그쳤다.

"목이 도대체 어디 간 것이냐?"

파트마가 아무 말이 없자 이모는 파트마의 팔을 끌어 거리로 내동댕이치고는 집으로 들어갔다. 매우 춥고 어두운 밤이었다. 무서워진 파트마는 울기 시작했다. 그런데 바로 그때 왕의 아들이 지나가다가 그 광경을 보고 말했다.

"귀여운 소녀야, 왜 울고 있느냐?"
"집에서 쫓겨났습니다."
"너의 어머니는 어디에 계시니?"
"어머니는 계시지 않아요."
파트마의 말을 들은 왕자가 말했다.
"그럼 나와 함께 내 성으로 가자. 내 하인들이 너를 돌볼 것이다."

파트마는 자신을 도와줄 누군가가 있다는 사실에 기뻐 왕자를 따라갔다. 시간이 지나고 파트마는 아름다운 여인으로 성장했다. 왕자는 그녀를 신부로 맞이했다.

한편 파트마의 이모는 파트마가 어떻게 됐는지 궁금해했다. 그녀의 행방을 찾기 위해 아이샤는 레이스 상인으로 변장하고 집집마다 돌아다녔다. 아이샤는 성까지 이르렀다. 아름다운 보석으로 장식된 비단과 벨벳 옷을 입은 공주는 하인에게 둘러싸여 아이샤를 맞이했다. 아이샤는 파트마가 공주가 된 것을 보고는 놀라서 말했다.

"나의 소중한 파트마야, 그토록 아름답고 우아한 너의 모습을 보게 되어 정말 기쁘구나. 너를 이렇게 다시 찾다니. 자주 놀러오마."

아이샤는 파트마를 자주 찾았지만, 조카의 행복을 진심으로 기뻐하지는 않았다. 이전보다 질투심이 많고 심술궂어진 그녀는 방문할 때마다 끊임없이 자신의 불만을 표현했다.

"그나저나 목이 도대체 어디로 갔던 거니?"

아이샤는 파트마에게 매번 이 질문을 던졌고 파트마는 매번 능숙하게 대답을 피했다. 아이샤는 조카가 불행해지기를 원했다. 그래서 여러 계획을 세웠다. 한 번은 파트마가 없는 틈을 타 바구니에 쓰레기를 가득 채워 파트마의 방에 던져 놓기도 했다. 아이샤는 왕자가 더러운 방을 보고 화를 내길 바랐던 것이다. 하지만 그때 기적이 일어났다. 쓰레기가 순금과 다이아몬드로 변했던 것이다.

"누가 가지고 온 것인가요?"

왕자가 물었고 파트마는 대답했다.

"이모가 가져다주셨어요. 그녀가 예전에 잘못한 일을 사과하고 싶어 하세요."

파트마에게 아무런 일이 일어나지 않았다는 사실을 안 아이샤는 매우 놀랐다. 그녀는 조카를 만나러 왔고 분노에 가득 차 여러 번 같은 질문을 반복했다.

"그나저나 목이 도대체 어디로 갔던 거니?"

그러나 조카는 여전히 그 질문에 귀를 기울이지 않았다. 아이샤는 또다시 조카를 괴롭힐 계획을 세웠다. 며칠 후 그녀는 매우 더러운 암탉과 병아리를 데리고 성에 도착했다. 그러고는 파트마와 왕자가 사용하는 방에 넣어 방을 더럽히려 했다. 하지만 또 기적이 일어났다. 암탉과 병아리가 귀중한 물건으로 변했던 것이다. 왕자와 공주는 그것을 보고 매우 기뻐했다. 그날 밤, 작은 목소리가 파트마를 불렀다.

"파트마! 파트마!"

잠에서 깬 공주는 벽 쪽에 나와 있는 손을 발견했다. 손에는 작은 병이 쥐어져 있었다.

"파트마, 이 병을 받고 잘 들어보세요. 저는 예전에 당신이 준 닭의 목을 받아간 고양이입니다. 당신에게 고마움을 표시하기 위해 당신을 보호해 왔어요. 당신의 이모가 가지고 온 더러운 것들을 진귀한 물건으로 바꾸어 놓은 것도 바로 저예요. 아이샤는 질투심이 많아 계속해서 당신을 해치려 할 거예요. 하지만 나는 이제 당신을 도와줄 수가 없어요. 바로 내일 나에게 걸린 주문이 사라져 소녀로 돌아가 결혼하게 되거든요. 그러니 이 병에 담긴 것을 계단에 뿌리세요. 아이샤가 이것을 밟게 되면 사악한 계획을 잊어버리고 더 이상 당신을 해치지 않을 거예요. 제가 방금 한 말을 잊으면 안 됩니다. 그럼 안녕히."

손은 이 말을 남기고 사라졌다. 새벽이 되자 파트마는 서둘러 계단으로 가서 조언을 따랐다. 아침이 되자 아이샤는 성에 도착했고 첫 번째 계단을 오르는 순간 사악한 계획과 감정이 모두 사라져 버렸다. 그래서 성을 떠났고 다시는 성에 돌아오지 않았다. 그날 이후 파트마는 성에서 매우 행복한 삶을 살 수 있게 되었다.

애연가 사독

옛날에 '사독'이라고 불리는 사내가 살았다. 연초 애호가였던 그는 카이로우안 전역에서도 아주 유명했다. 그는 젤라딘 문 근처에 파란색으로 칠해진 예쁜 가게를 운영하고 있었다. 이곳에 많은 친구들이 그를 만나러 왔다. 그들은 모두 사독이 연초에 중독된 것을 알고 있었다. 그래서 그를 골탕 먹여 즐거운 시간을 보내기로 했다.

친구 중 한 명은 사독을 집에 초대했다. 거기서 모두가 즐거운 시간을 보내는 동안 친구들은 사독에게 연초 한 상자를 모두 피우게 했다. 친구들의 의도를 모르는 그는 연달아 연초를 피우는 통에 머리가 어지럽고 무거워지는 것을 느꼈다. 그가 연초에 취해있는 동안 그의 친구들은 그의 가게를 흰색으로 칠해 버렸다. 친구들과 즐거운 시간을 보내고 돌아오는 길에 사독은 연초 몇 대를 더 피웠다. 그가 젤라딘 문 근처에 도착했을 때, 그는 꿈을 꾸고 있다고 생각했다. 아무리 살펴봐도 자신의 가게가 없었던 것이다. 깜짝 놀란 그는 친구들에게 물었다.

"내 가게가 어디 있지?"

친구 중 한 명이 대답했다.

"네 가게는 조금 전까지 광장에 있는 카페에 있었어."

그 말을 들은 사독은 즉시 그곳으로 가 자신의 가게가 여기에 있느냐고 카페 주인에게 물었다. 사독의 말을 이해한 카페 주인이 말했다.

"이 가엾은 자여, 드디어 왔구나. 어서 조금 전에 당신의 가게가 여기서 먹은 와인과 무화과 주 가격을 지불하게."

불쌍한 사독은 카페 주인이 요구한 금액을 지불했다. 다음 날 깨어난 그는 자신이 친구들에게 속았다는 사실을 깨달았다. 그리고 이제 더 이상 연초를 피우지 않겠다고 약속했다.

재단사와 거인

키 작은 재단사는 거인의 집에서 한 달쯤 걸어가야 닿을 수 있는 곳에 살고 있었다. 불행했던 그는 거인을 찾아가 그를 속이고 그의 재산을 훔치기로 했다. 한 달 동안 걷고 또 걸어서 재단사는 드디어 문간에 앉아있는 거인을 발견했다. 재단사는 거인에게로 다가가서 인사했다. 거인이 물었다.

"당신은 어디서 왔나요?"

"이웃 마을에서 왔어요. 저녁을 먹고 차를 마시고 출발했을 뿐인데, 이렇게나 빨리 당신의 집에 도착하고 말았군요."

거인은 갑자기 두려워졌다.

'이 동네에서 강한 내가 이 주나 걸리는 거리를 30분 만에 오다니.'

저녁이 되자 거인은 재단사에게 식사 준비를 부탁했다. 재단사는 집안에 물이 없는 것을 발견하고는 큰 양동이를 찾아다가 우물 속에 던졌다. 양동이가 너무 무거웠기 때문에 재단사는 그것을 꺼낼 수 없었다. 그래서 잠시 생각하고는 곡괭이를 들어서 우물 주변을 파기 시작했다. 거인이 와서 그 광경을 보고 재단사에게 말했다.

"여기서 뭐 하고 있나요?"

"양동이가 너무 작아서요. 우물을 집 가까이 끌어오는 것이 낫겠어요."

　거인은 이렇게 말하는 재단사가 무서웠다. 그래서 재단사가 잠든 저녁에 도망을 치고 말았다. 다음 날 잠에서 깨어난 재단사는 거인의 모든 부를 차지하게 되었다.

왕과 늙은 노인

'키스라'라고 불리는 왕이 있었다. 어느 날 길을 가다가 왕은 대추야자를 심고 있는 노인을 발견했다.

"노인장, 당신이 이 대추야자 열매를 먹거나 팔 수 있다고 생각하십니까? 당신은 이 대추야자가 몇 년이 지난 후에야 열매를 맺는다는 사실을 아실 텐데요. 그때가 되면 당신은 너무 늙어있을 겁니다."

왕이 이렇게 이야기하자, 노인이 대답했다.

"폐하, 우리 부모님이 심은 대추야자를 우리가 먹었지요. 우리는 우리 후손들을 먹이기 위해 이 대추야자를 심는 겁니다."

노인의 대답에 감동한 왕은 노인에게 1,000디나르를 하사했다.

구두쇠와 보물

 오래전 땅과 돈을 많이 가진 부자이지만 매우 인색했던 한 남자가 있었다. 어느 여름날 오후, 그는 한적한 곳에 숨겨진 엄청난 보물을 찾아 길을 떠났다. 반 정도 갔을 때, 그는 매우 목이 말랐다. 다행히 곧 물과 레모네이드, 그리고 술을 파는 장수를 만났고 그에게 가격을 물었다. 가격이 너무 비싸다고 생각했는지 그는 잠시 머뭇거리더니 낮은 목소리로 말했다.
 "너무 비싸네요. 한 푼도 아까울 지경이오. 목이 마르긴 하지만 보물을 찾아 집으로 돌아가서 마시는 게 낫겠소."
 그는 계속해서 걸었다. 목이 타들어 갔다. 겨우 보물이 있는 곳에 도착한 그는 목이 말라 죽을 지경이었다. 그는 서둘러 보물을 챙겼지만 더 이상 몸을 가누기도 힘들었다. 그래서 금화를 앞에 두고 이 보물을 갈증을 해소할 물 한 방울로 변하게 해달라고 하늘에 기도했다. 하지만 그런 일은 일어나지 않았고 결국 그는 죽고 말았다.

별일 없다네

카이로우안의 교외에서 유목 생활을 하는 베두인족 중에, 수아시 지방 출신 일꾼 한 사람이 있었다. 고향을 떠난 그는 벌써 몇 달 동안이나 고향으로 돌아가지 않고 있었다. 어느 날 그의 고향 친구 중 하나가 카이로우안 근처를 지나가다가 양을 잡아 축제를 벌이고 있는 곳에서 그를 발견했다. 일꾼은 친구에게 음식을 대접하며 물었다.

"내 아내와 아들, 집, 낙타, 개는 잘 지내는가?"

친구가 대답했다.

"모두 잘 있지. 신의 뜻이오."

그러고 나서 일꾼은 친구에게 계속해서 질문을 퍼부었다.

"내 작은 개 '마루'는 잘 있소?"

"아, 그 작은 개 말인가? 아마 죽었을걸?"

"죽었다고? 언제? 어떻게?"

일꾼은 놀라서 친구에게 물었다. 친구는 잠시 주저하다가 말했다.

"급체로 죽었지. 낙타 고기를 너무 많이 먹었거든."

"무슨 낙타? 혹시 내 낙타를 말하는 것인가?"

"그렇다네."

"낙타는 왜 죽은 것인가?"

일꾼이 묻자, 친구가 대답했다.

"죽은 당신 아내의 유해를 너무 오랫동안 지고 다니느라 힘들어서 죽었지."

"오, 이런! 내 아내도 죽었단 말인가? 병에 걸렸던 것인가?"

"아들을 잃은 슬픔을 이기지 못하고 세상을 떠났다네."

"내 아들? 내 아들이 죽었단 말인가? 이런, 무슨 일이 일어났던 거야?"

친구가 이야기했다.

"당신 집이 무너져서 그것에 깔렸다네. 하지만 이런 몇몇 사소한 일들을 빼고는 마을엔 별일 없다네."

쟈와 생쥐 두 마리

'쟈'에게는 오랫동안 꿈꿔온 일이 있었다. 그 꿈을 실현할 때가 된 어느 날 그가 아내에게 말했다.

"부인, 내가 시키는 대로 하면 아름다운 보석을 사주겠소. 내가 오늘 친구 네다섯 명을 초대할 생각이오. 당신이 쿠스쿠스와 생선, 닭고기, 과일을 약간 준비해 줄 수 있겠소? 아끼지 말고 넉넉하게 말이오. 친구들 모두가 만족스러운 식사를 하고 집을 나설 수 있었으면 좋겠어요. 내가 친구들 앞에서 당신에게 '친구들이 올 것을 누가 알려주었소? 누가 식사 재료들을 주었소?'라고 물을 것이오. 그러면 작은 생쥐가 그랬다고 말해 주시오. 생쥐는 식탁 다리에 묶어 둘 테니 조심하고."

이렇게 말하고는 조금 전 쥐덫에 걸린 쥐 두 마리 중 한 마리를 꺼내 식탁 다리에 묶어 두었다. 그리고 나머지 쥐를 작은 우리에 넣어 들고 집을 나서며 아내에게 말했다.

"신께서 당신의 증인이 되어 당신의 임무를 완수하도록 도와주실 거요."

집을 나선 쟈는 생쥐에게 이야기를 건네고 긴밀한 대화를 하는 척을 하며 시장을 구석구석 거닐었다. 지나가는 사람들의 놀란 표정을 보면서 자신의 과업이 순조롭게 진행되고 있는 것에 만족한 그는 모든 사람이 그를 쳐다볼 수 있도록 무어식 카페에 앉기로 했다. 그곳에서 그는 그의 작은 동물과 이야기를 나누느라 바쁜 척, 호기심이 많은 구경꾼들이 몰려오는 것을 보고는 모른 척했다. 그의 친구들도 놀라움을 감추지 못하고 말했다.

"너 정말 미쳐가고 있구나! 생쥐와 말을 하다니!"

그 말을 들은 그는 화를 내며, 자기 생쥐는 매우 섬세한 일을 수행할 수 있는 희귀한 재능을 가졌다고 이야기했다. 하지만 친구들은 그의 말을 못 믿는 눈치였다. 그것을 본 쟈가 말했다.

"내가 그것을 증명해 보이기 위해 너희 네 명을 식사에 초대하겠네. 우리 집으로 오게나. 지금이 10시이니 마음껏 배불리 먹을 수 있을 걸세."

이렇게 말하고는 친구들 앞에서 쥐에게 이렇게 외쳤다.

"내 아내에게 가서 점심으로 맛있는 쿠스쿠스, 생선, 고기를 준비하라고 전해 줘. 아내를 가능한 한 열심히 도와줘야 한다. 그다음엔 식탁 다리에 네 몸을 묶어 놓으렴."

마지막 말이 끝나기 무섭게 그는 생쥐를 놓아주었고, 생쥐는 재빨리 구멍으로 사라졌다. 정오가 되자, 쟈는 여전히 미덥지 않은 기색의 친구들을 데리고 집 앞에 도착했다. 반쯤 열린 대문 사이로 쟈의 아름다운 아내 '아이샤'가 모습을 드러냈다.

"신께서 오늘도 우리와 함께하시길. 우리 집에 오신 것을 환영합니다. 식사를 준비해 두었어요. 생쥐가 조금 늦게 도착하긴 하였지만 신이 계심에 모든 것이 제때 준비되었습니다."

손님들의 눈은 모두 식탁 다리에 묶인 쥐에게로 향했다. 배불리 식사를 끝낸 후, 친구들은 저마다 쥐에게 눈독을 들였다. 하지만 쟈는 어떤 대가를 치르더라도 쥐와 헤어질 마음이 없는 척을 했다. 경매가 시작되었다. 쥐의 몸값은 100피아스트에서 10,000피아스트라는 엄청난 가격으로 치솟았다.

"어쩔 수 없군. 내 생쥐를 자네에게 주겠네."

생쥐의 새로운 주인은 곧 많은 사람을 놀라게 할 수 있을 것이라는 생각에 크게 기뻐하며 다음 날 바로 쟈가 했던 일을 똑같이 반복하기로 했다. 그는 친구 네 명을 초대하고는 전날 쟈가 했던 대로 생쥐에게 할 일을 일러주었다. 마지막으로 식탁 밑에 제 몸을 묶어 두라고 이르고는 생쥐를 놓아주었다. 생쥐는 곧장 어딘가로 사라졌다. 정오가 되자 그는 친구들과 맛있는 식사가 기다리고 있을 집에 도착했다. 어제와 똑같은 일이 일어날 것이라 예상한 그였지만 이상하게도 그의 아내는 그를 기다리고 있지 않은 것 같았다. 그는 문을 세게 두드렸다. 문 안쪽에는 남편과 그의 친구들을 보고 놀라 눈이 휘둥그레진 그의 아내가 서 있었다. 아내는 시장에 갔던 남편에게 큰일이 생겨 주변 사람들이 그를 데리고 왔다고 생각했다.

"너무 놀라지 마시오. 준비한 음식은 어디에 있소?"

이 상황을 전혀 이해하지 못한 아내는 아무 말도 하지 못했다. 그 모습을 본 남편은 화가 나 소리를 질렀다. 남편이 미쳤다고 생각한 아내는 손톱으로 얼굴을 쥐어뜯으며 통곡했다. 얼굴에는 피가 흘러내렸다. 남편도 미치광이처럼 "내 생쥐, 내 생쥐!" 하며 소리를 질렀다. 이 같은 소란에 이웃들이 달려와 그를 말렸다.

남자가 너무나 소란을 피운 나머지 사람들은 그를 가두려 했다. 하지만 그는 먼저 쟈를 만나 이야기를 하고 싶었다. 그는 쟈를 찾아가 자신을 속였다고 비난을 퍼부으며, 제대로 된 설명을 내놓거나 생쥐값으로 지불한 10,000피아스트를 내놓으라고 소리쳤다.

"네가 나를 속였지. 그렇게 영리하다던 네 쥐는 내 명령을 전혀 알아차리지 못했어. 내 말을 부인에게 전달하지도 않고 사라져 버렸단 말이다."

이 말을 들은 쟈가 말했다.

"뭐라고? 내가 직접 다 보여주지 않았느냐."

이 말을 들은 친구는 당황해서 무슨 말을 해야 할지 몰랐다. 그 모습을 본 쟈는 의기양양하게 말했다.

"아하! 그게 이유로군. 내 불쌍한 생쥐가 길을 잃은 게 틀림없어. 생쥐가 우리 집에 가는 길만 알았거든. 맙소사. 불쌍한 생쥐! 어떻게 된 거지? 도대체 어디 있는 거야? 신이시여, 생쥐를 지켜주소서."

이렇게 쟈는 불쌍한 생쥐의 운명을 한탄했다.

모자 장수와 원숭이

'샤'는 셰샤 장수였다. 그는 모자를 시장에서 사다가 외딴 곳에 가서 팔았다. 어느 날 그는 모자가 가득 담긴 바구니를 짊어지고 '원숭이의 산'이라 불리는 산기슭을 걷다가 잠이 들었다. 그가 잠을 자는 동안 원숭이들은 바구니를 열고는 앞다투어 모자를 꺼내 썼다. 잠에서 깨어나서 원숭이들이 빨간 모자를 쓰고 있는 모습을 본 그는 원숭이에게 애원하기도 하고, 원숭이를 위협하기도 하면서 모자를 되찾으려 했다. 어떠한 방법에도 원숭이들이 모자를 돌려주지 않자, 그는 홧김에 자기 모자를 땅에 집어 던졌다. 그러자 원숭이들은 모두 그를 따라 모자를 땅에 던졌다. 이를 본 모자 장수는 원숭이들을 몰아내기 위해 멀리 도망가는 흉내를 냈고 원숭이들을 그를 따라 멀리 흩어졌다. 원숭이들이 멀어지자, 그는 돌아와서 재빨리 모자를 바구니에 담았다.

쟈와 술탄

'쟈'는 한 때 촉망받던 술탄의 광대였지만 나이가 들자 더 이상 술탄의 부름을 받지 못했다. 일거리를 찾지 못한 그는 매우 가난하게 살 수밖에 없었다. 먹을 것을 하나도 살 수 없는 날이 되자 그는 절망에 빠져 집으로 터덕터덕 돌아왔다. 집 앞에는 형편없는 돗자리를 문지방 앞에 끌어다 놓고 태양 아래 쪼그려 앉아 묵주를 돌리며 반쯤 잠들어 있는 그의 아내가 있었다. 그는 잠시 그녀의 옆에 앉아 있다가 이렇게 말했다.

"부인, 정말 비참합니다. 머지않아 굶어 죽게 될 거요. 뭔가를 해야 하지 않겠소?"

부인은 구슬프게 흐느끼다가 잠시 생각한 후 대답했다.

"술탄을 속여 봐요. 틀림없이 성공할 거예요."

부인의 말을 듣고 광대가 말했다.

"어떻게 속인단 말이오?"

부인이 말했다.

"집의 문을 활짝 열어두고, 우리 둘 다 돗자리에 누울 거예요. 그러고는 술탄께 광대와 그의 아내가 죽었다는 전갈을 보낼 거예요. 장례를 치를 돈이 없다는 사실도 함께 말입니다."

부인이 생각한 대로 술탄은 한 때 자신이 매우 좋아했던 광대가 죽었다는 소식을 듣자마자 서둘러 광대의 집을 찾았다. 누추한 오두막 바닥에 꿈쩍도 하지 않고 누워있는 쟈와 그의 아내를 본 술탄은 몇 분 동안 생각에 잠긴 뒤 따라온 신하들에게 말했다.

"나는 이 두 사람 중 어느 쪽이 먼저 죽었는지 알고 싶구나. 먼저 죽은 자의 발밑에 금으로 가득 찬 이 주머니를 놓을 것이다."

이 말을 듣고 쟈는 벌떡 일어나 술탄에게 말했다.

"오! 술탄이시여, 신의 축복이 있기를! 제가 먼저 죽었습니다."

술탄은 옛 친구의 잔꾀에 웃지 않을 수 없었다. 그는 쟈와 그의 아내를 궁전에 데려가 깨끗한 옷과 1,000디나르를 하사했다.

쟈와 기도 시간을 알리는 사람

매일 새벽, 신자들에게 기도 시간을 알리는 사람이 있었다. 모스크 근처에 살고 있던 '쟈'는 이 소리 때문에 매번 잠에서 깨어났다. 그래서 쟈는 그 사람을 없애버리겠다고 다짐하고 어느 날 아침 그것을 실행에 옮겼다. 쟈는 그 사람의 머리를 베어 손수건에 싼 후 어머니에게 가져갔다. 몹시 놀란 어머니는 겁에 질려 그 머리를 집 안의 우물에 던져 넣고 어서 잠자리에 들라고, 그리고 아무에게도 이 사실을 이야기해서는 안 된다고 말했다. 쟈가 자는 동안 그의 어머니는 우물에서 머리를 꺼내 아주 한적한 곳에 깊이 묻었다. 그리고 큰 뿔이 달린 염소 머리를 사서 우물에 던져 놓았다. 낮이 되자 누군가가 기도 시간을 알리는 사람을 죽였다는 사실이 알려졌다. 마을 사람 중 하나가 마을을 돌며 큰 소리로, 자수하면 큰돈을 주겠다는 소식을 전했다. 그 말을 들은 쟈는 자신이 범인임을 자백하고 머리를 숨긴 곳이 어디인지를 알렸다. 우물에서 나온 염소 머리를 본 사람들은 깜짝 놀라고 말았다. 하지만 쟈는 벌을 받지는 않았다. 쟈의 어머니가 사람들에게 그의 아들이 미쳤다는 사실을 전했기 때문이다.

쟈와 당나귀

'쟈'에게는 당나귀 한 마리가 있었다. 어느 날 그가 당나귀를 목초지에 혼자 남겨 둔 사이에 누군가 그 당나귀를 훔쳐가고 말았다. 어디에서도 당나귀를 찾을 수 없었던 그는 마을을 돌아다니며 이렇게 외쳤다.

"여보게. 내 당나귀를 돌려주게. 그렇지 않으면 내 아버지처럼 할 걸세."

이 말에 겁에 질린 도둑들이 당나귀를 돌려주러 왔다. 그 중 한 명이 쟈에게 물었다.

"그래서 당신의 아버지는 어떻게 하셨소?"

쟈가 대답했다.

"그거야 간단합니다. 한 마리를 또 사셨지요."

쟈의 당나귀

어느 날, '쟈'라 불리는 노인이 중병에 걸렸다. 극심한 고통을 겪었지만, 그는 여전히 죽는 것이 두려웠다. 그래서 마을의 가난한 사람들을 모아 자신의 치유를 신께 간절히 기도하면 돈을 주겠다고 약속했다.

"내가 당나귀를 팔아 그 돈을 당신들에게 나누어 주겠소."

자신들에게 돈을 주겠다는 매력적인 이 말에 매료된 사람들은 노인의 건강이 회복되기를 기도하기 시작했다. 아침저녁으로 그들의 기도 소리가 널리 퍼졌다. 기도 덕분인지 곧 쟈는 건강을 회복했다. 하지만 건강을 되찾은 쟈는 손해를 보지 않고 약속을 지킬 방법을 궁리하기 시작했다. 고민 끝에 당나귀를 몰고 시장에 간 쟈는 외쳤다.

"당나귀는 1프랑, 채찍은 500프랑입니다. 누가 이것을 사겠소?"

엄청난 제안에 베두인들이 몰려와 채찍 없이 당나귀만 사겠다고 했다. 그러자 쟈가 말했다.

"안 됩니다. 하나만 팔지는 않아요."

마침내, 당나귀와 채찍은 쟈가 정해 놓은 가격에 팔렸다. 쟈는 매우 기뻐하며 집으로 돌아가 두둑한 돈주머니를 챙겨 나왔다. 곧 그를 위해 기도를 올렸던 사람들이 약속받은 돈을 받기 위해 쟈 주위로 몰려 들었다. 쟈는 그들에게 말했다.

"불쌍한 친구들. 불행히도 나는 당신들에게 줄 돈이 없습니다."

"뭐라고요? 당나귀 값을 우리에게 주겠다고 약속하지 않았습니까?"

화가 난 사람들이 목소리를 높였다. 소란이 일자 쟈가 말했다.

"오! 여기 계신 여러분 모두 평안해지시길 바랍니다. 사실 당나귀는 1프랑에 팔렸습니다. 여기 1프랑을 주겠소. 나는 당신들에게 당나귀 값을 약속했고 나는 그 약속을 충실히 지킨 것이 아니오? 나머지 500프랑은 당나귀 가격이 아니라 채찍의 가격이니 이것은 내 것이지요."

"됐소. 1프랑으로는 우리 상황이 나아지지 않으니."

실망하고 분노한 사람들은 빈손으로 집으로 돌아갔고 모두 쟈에게 저주를 퍼부어댔다.

설교자 쟈

'쟈'는 신앙심이 매우 깊은 사람이었다. 매주 금요일마다 그는 기도하러 모스크로 향했다. 그러던 어느 금요일, 기도를 마친 쟈가 일어나서 사람들에게 말했다.

"여러분, 제가 무슨 말을 하려는지 아십니까?"
"아니요, 우리는 모르죠."
"그렇군요. 그럼 굳이 말할 필요는 없겠군요."
다음 금요일, 사람들이 모여 이야기를 나눴다.
"오늘 쟈가 우리에게 물어오면 안다고 말해봅시다."
잠시 후, 쟈가 도착했고 기도를 끝내고 몸을 일으켰다.
"여러분, 제가 무슨 말을 하려는지 아십니까?"
모두 대답했다.
"네, 알고 있습니다."
그 말을 들은 쟈가 말했다.
"여러분들이 모두 알고 있으니, 굳이 말할 필요는 없겠군요."
다음 금요일, 사람들은 또다시 모였고 그 중 한 사람이 말했다.
"만일 쟈가 우리에게 또 질문하면, 일부는 '예'라고 대답하고 다른 일부는 '아니오'라고 대답합시다."
잠시 후, 쟈가 도착했고 기도를 끝내고 몸을 일으켰다.
"여러분, 제가 무슨 말을 하려는지 아십니까?"

이 질문에 사람들의 일부는 '예'로, 또 다른 일부는 '아니오'로 대답했다.

대답을 들은 쟈가 이렇게 말했다.

"그렇군요. 답을 아는 사람들이 모르는 사람에게 알려줄 것입니다."

유목민 무리 속의 쟈

어느 날 '쟈'가 당나귀를 타고 여행을 떠났다. 시골길을 가던 중 한 부유한 유목민 무리를 만난 쟈는 그들의 환대를 받았다. 사흘간의 환대 기간이 끝났지만, 그는 유목민 무리를 떠나고 싶은 생각이 들지 않았다. 일주일이 지났을 무렵 유목민의 우두머리는 슬픈 목소리로 그에게 말했다.

"너희 어머니께서 돌아가셨다는 소식을 들었다. 어서 돌아가서 장례를 치르거라."

쟈는 긴 시간 동안 눈물을 흘렸다. 얼마 뒤 마음을 가라앉힌 그가 말했다.

"저는 이제 고아입니다. 저를 받아주세요."

그렇게 그는 평생 그들과 함께했다.

쟈의 첫 번째 담배

사람들이 담배를 알지 못하던 때가 있었다. 어느 날 '쟈'는 물건을 팔러 먼 길을 떠났다. 그곳에서 담배를 피우는 사람들을 만난 쟈는 많은 양의 담배를 가지고 돌아왔다. 어느 날 저녁 그는 방에 혼자 앉아 담배를 피우고 있었다. 목이 마르자 하인을 불러 마실 것을 요청했다. 주인의 요청에 하인은 물잔을 가지고 오다가 주인의 입과 코에서 연기가 나오는 것을 보고 깜짝 놀라 물잔을 주인의 얼굴에 던지고는 뛰쳐나가 도움을 요청했다.

"도와주세요. 주인님의 입과 코가 불타고 있어요."

그 말을 들은 쟈의 친구들은 깜짝 놀라 달려왔다. 쟈는 상황을 설명하고는 친구들에게 담배를 권했다. 그제야 친구들도 쟈가 '담배'라는 것을 피우고 있었다는 사실을 깨달았다. 그때부터 사람들은 담배를 피우는 방법을 알게 되었다.

스페인에 간 쟈

'쟈'는 한 때 스페인에 머문 적이 있었다. 스페인에서 쟈는 종종 칼리프를 뵈러 갔는데 궁전에서 칼리프를 뵐 때마다 단 한 번도 칼리프에게 허리 숙여 인사를 건넨 적이 없었다. 칼리프는 쟈의 인사를 받으려고 궁전 문의 중간쯤 되는 높이에 판자를 박았다. 쟈는 이 판자를 보고 한참을 생각한 후 뒤로 돌아 허리를 젖히고 뒷걸음질 치며 문으로 들어갔다. 쟈의 기발한 생각에 칼리프는 몹시 즐거워하여 선물을 하사했다.

쟈의 계약

농장을 소유한 사람이 있었다. 그는 일꾼 한 사람을 찾고 있었다. 마침 농장 근처를 지나던 '쟈'가 그의 눈에 띄었다.

"안녕하신가? 여기서 일해보지 않겠소?"

"얼마를 주실 건가요?"

"먹이고 입히고 재워도 주겠소."

쟈는 동의하고 곧 둘은 계약을 맺었다. 저녁이 되자 쟈는 차려진 밥을 맛있게 먹고 잠자리에 들었다. 그러고는 다음 날 10시가 될 때까지 일어나지 않았다. 그 모습을 본 농장 주인은 화가 나서 그에게 달려가 이렇게 말했다.

"이보게, 도대체 언제까지 침대에 누워 있을텐가. 정신이 어떻게 된 거 아닌가?"

그러자 쟈가 대답했다.

"우리 둘 중 누가 미친 것인지 모르겠네요. 나는 잘 먹고 잘 자고 일어나서 계약에 적힌 대로 당신이 옷을 입혀주기를 기다리고 있었는걸요."

쟈의 죽음

어느 날 '쟈'가 이웃집에서 나는 비명을 듣고 어머니에게 물었다. 그러자 어머니가 대답했다.

"옆집 '살라'가 죽었어."

그 말을 듣고 쟈는 깜짝 놀라 어머니에게 다시 물었다.

"어머니, 살라가 죽은 것을 어떻게 아셨어요?"

어머니가 대답했다.

"사람이 죽을 때는 코와 팔다리가 차갑고 뻣뻣해진단다."

이 일이 있고 난 뒤 얼마 되지 않아 쟈는 숯을 만들 나무를 구하기 위해 당나귀를 데리고 산으로 갔다. 날씨는 매우 추웠다. 산 중턱쯤에 도착했을 때 쟈는 몸이 점점 추워지는 것을 느꼈다. 어머니가 말해 준, 죽을 때 증상과 똑같았다. 자신이 죽고 있다고 생각한 그는 당나귀를 나무에 묶어두고 울먹이며 말했다.

"이제 내가 죽는구나."

그리고는 조용히 몸을 뉘었다. 그때 당나귀가 홀로 묶여 있는 것을 본 도둑들이 그것을 훔쳐 달아났다. 그것을 본 쟈는 그들에게 말했다.

"내가 죽지 않았다면 너희는 내 당나귀를 가져가지 못했을 텐데."

밤샘 집회에 간 쟈

어느 날 사람들이 말했다.
"오늘 밤, 집회 시간에 '쟈'에게 장난을 치자."
곧 집회 시간이 되었고 누군가 일어나서 외쳤다.
"내가 알을 낳았어."
그리고는 알을 들어 보여주었다. 곧 또 다른 사람도 일어나 알을 보여주더니 결국 알을 낳은 사람이 열 사람이나 되었다. 그 때 한 사람이 쟈에게 말했다.
"우리가 낳은 걸 보지 못하셨나요? 우리만큼 강하다면 당신도 한 번 알을 낳아 보시지요."
쟈는 잠시 생각하더니 일어나서 손으로 다리를 치면서 꼬끼오 소리를 내기 시작했다.
"뭐야? 미쳤어?"
그러자 쟈가 대답했다.
"수탉 없이 암탉만으로 가능할 것 같소?"

수도승과 폭군

신은 카이로우안에 사는 모든 이슬람 수도승의 기도를 들어주었다. 그래서 폭군은 한 수도승을 불러 말했다.
"나를 위해 기도해라."
수도승은 손을 들고 웅얼거렸다.
"신이시여, 그를 죽게 하소서."
그 말을 들은 폭군은 소리쳤다.
"무슨 기도를 그렇게 하느냐!"
수도승이 대답했다.
"제가 한 기도는 당신과 모든 무슬림의 행복을 위한 것입니다. 당신의 영혼을 위해서라도 사람들을 괴롭히는 것보다는 죽는 것이 낫지요."

쟈와 고기

어느 날 '쟈'가 고기 세근을 사 와 아내에게 말했다.
"이 고기로 식사를 준비하세요."
그리고 쟈는 일을 나갔다. 그 사이 아내는 고기를 굽고 다 먹어버렸다. 시간이 되어 쟈는 집으로 돌아왔고 너무 배가 고팠던 나머지 들어오기가 무섭게 아내에게 말했다.
"빨리 먹을 것을 내와요."
그녀는 대답했다.
"고양이가 고기를 다 먹어버렸어요."
화가 난 쟈는 저울을 가지고 와 고양이의 무게를 쟀다. 무게는 그가 산 고기와 똑같았다.
"이것이 고기라면, 고양이는 어디 갔나요? 또 이것이 고양이라면, 고기는 어디 간 것이지요?"

동물 이야기

오미 시씨와 그녀의 고양이

옛날 어느 작은 시골집에 다섯 살 된 딸과 함께 사는 마음씨 좋은 어머니, '오미 시씨'가 있었다. 어느 날 학교에서 돌아온 딸이 어머니에게 물었다.

"어머니, 오늘은 저를 위해 무엇을 사셨나요?"

어머니는 말했다.

"달콤한 할와를 사 왔단다. 부엌 식탁 위 작은 상자에 넣어 두었지. 가서 찾아보거라."

딸은 크게 기뻐하며 간식을 가지러 달려갔다. 하지만 텅 빈 상자를 발견하고는 절망에 빠졌다. 소녀는 눈물을 흘리면서 어머니에게로 가서 말했다.

"어머니, 내 간식이 사라졌어요. 상자가 텅 비어 있던걸요."

어머니가 딸을 위로하며 말했다.

"틀림없이 우리 짓궂은 고양이 '바르누'가 네 간식을 훔쳤을 거다. 내가 엄하게 벌을 줄게."

그 말을 들은 소녀가 걱정스러운 목소리로 말했다.

"어떻게 하실 거예요, 어머니?"

"물건을 훔친 자는 벌을 받아야 하지. 그러니 다시는 물건을 훔치지 못하도록 꼬리를 잘라버릴 거다."

저녁이 되었다. 고양이 바르누는 집으로 돌아왔다. 어머니는 커다란 부엌칼을 들고 바르누를 불렀다.

동물 이야기 • 135

"바르누야, 꼬리에 큰 벼룩이 붙었구나. 빨리 와 봐라. 내가 떼어줄게."

고양이가 꼬리를 내밀자, 어머니 오미 시씨는 그것을 내려쳐 끝을 잘라냈다. 바르누는 고통을 못 이겨 온 힘을 다해 비명을 질렀고, 그녀에게 꼬리를 치료해달라고 애원했다.

"오미 시씨, 제 꼬리를 고쳐주세요. 친구들과 파티에 가서 춤도 추고, 쿠스쿠스와 육포도 먹어야 해요. 그러니 제발 제 꼬리 좀 고쳐주세요."

고양이의 말을 들은 어머니가 말했다.

"포도를 가져오면 꼬리를 고쳐줄게."

그 말을 들은 고양이는 포도나무로 가서 포도를 달라고 했다. 포도나무는 말했다.

"물을 가져다주면 포도를 주지."

그래서 고양이는 샘으로 갔다. 하지만 샘도 물을 주는 대가로 다른 것을 요구했다.

"양 한 마리를 가져오면 물을 주지."

이 말을 들은 고양이는 또다시 양을 치는 목자에게 갔다. 하지만 목자는 다음과 같이 말할 뿐이었다.

"칼을 가져와야 양을 줄 수 있다."

그래서 고양이는 대장장이에게 갔다. 대장장이는 칼을 주는 대가로 달걀을 요구했다.

"달걀 몇 개를 가져다주면 칼을 내어주지."

이렇게 결국 고양이는 그의 친구인 방앗간 주인을 찾으러 갔다. 고양이가 쥐를 잡으러 그의 집에 자주 갔던 터라, 고양이에게 고마운 마음을 가지고 있었던 그였다. 방앗간 주인은 곡식을 먹어 치우는 불쾌한 작은 동물 때문에 골머리를 앓고 있었고, 고양이가 그 고민을 말끔히 해결해 주었기 때문이다. 고양이는 방앗간 주인에게로 가서 말했다.

"친구여, 내 부탁 하나 들어줄 수 있겠나?"

방앗간 주인이 대답했다.

"그럼, 당연하지. 부탁이 무엇이니? 말해보렴."

"내가 달걀 몇 개가 필요해서 그러니, 좀 줄 수 있겠어?"

고양이는 이렇게 말하고는 자신에게 닥친 불행한 일과 지금까지 있었던 모든 고난을 이야기하기 시작했다. 방앗간 주인은 고양이를 위로하며, 닭장으로 가 달걀이 가득 담긴 바구니를 가져왔다. 바르누는 매우 기뻐하며 달걀을 들고 대장장이를 만나러 갔다.

"대장장이님, 여기 달걀을 가져왔어요. 이제 칼을 주시겠어요?"

대장장이는 달걀을 받고 고양이에게 칼을 하나 주었다. 칼을 받아 든 고양이는 그가 만났던 자들을 만나러, 온 길을 되돌아갔다. 고양이는 양치기에게 칼을, 양치기는 고양이에게 양을 한 마리 주었다. 고양이가 양을 샘으로 데려가자 샘은 고양이에게 물을 주었고, 물을 가지고 간 고양이에게 포도나무는 포도를 선사했다. 마침내 고양이는 무사히 포도를 오미 시씨에게 가져다줄 수 있었다. 오미 시씨와 그의 딸은 고양이가 가져온 포도를 아주 맛있게 먹고는 고양이가 회복할 수 있도록 극진히 살폈다. 곧 바르누의 꼬리는 다 나았다. 그래서 바르누는 아이드 엘 케비르 축제 날이 돌아왔을 때, 친구들과 함께 흥겨운 춤을 추며 그가 그렇게 원하던 쿠스쿠스와 육포를 마음껏 먹을 수 있게 되었다.

고양의 삼촌의 모험

어느 날 '오미 시씨'는 바닥을 쓸고 또 쓸다 작은 동전을 하나 발견했다.

'어머나, 이걸로 뭘 하지? 고기 한 덩어리를 사면 어떨까? 그런데 거긴 뼈가 있겠지. 음, 그럼 생선을 살까? 참, 거기도 가시가 있을 거야. 아무래도 양 내장을 사서 작은 고기만두를 만들어야겠어.'

이렇게 생각한 그녀는 곧 이를 실행에 옮겼다. 그녀는 만두를 몇 개 만들어 먹고는 곧 학교에서 집으로 돌아올 딸을 위해 만두 하나를 남겼다. 그녀는 만두를 작은 상자에 넣어 선반 근처 높은 못에 걸어두고는 딸이 도착하기만을 기다렸다.

그러던 중, 이웃집에 살던 지체 높은 고양이가 체를 빌리러 오미 시씨를 찾아왔다. 오미 시씨는 늙고 민첩하지 못했기 때문에 고양이에게 선반에서 직접 체를 가져가라고 이야기했다. 하지만 체를 찾아 선반을 오른 고양이는 높이 걸려 있던 고기만두의 냄새에 이끌렸고, 그만 순식간에 만두를 통째로 삼켜버리고 말았다. 선반을 내려오는 길에 고양이는 주변을 정리하고 주둥이를 깨끗이 닦아 흔적을 없앴다. 그리고 아무 일도 없었다는 듯, 체를 들고 유유히 오미 시씨의 집을 나섰다.

이윽고 학교에서 돌아온 딸이 먹을 것이 없는지 묻자, 오미 시씨는 말했다.

"선반 위로 올라가 보거라. 상자 안에 선물이 준비되어 있단다."

하지만 딸아이는 아무것도 찾지 못했다.

"어머니, 상자 안에 아무것도 없어요."

딸이 울며 말하자, 오미 시씨는 깜짝 놀랐다.

"어떻게 그럴 수가 있지? 오늘 만두를 만들어서 네 몫을 상자 안에 넣어 두었거든. 누가 그걸 가져갔을까? 가만 보자. 아, 옆집 고양이 삼촌이 틀림없다. 삼촌이 체를 빌리러 들렸었거든. 가서 고양이 삼촌을 불러오너라. 아무 말 하지 말고. 내게 그를 골탕 먹일 좋은 묘책이 있단다."

소녀는 곧장 고양이를 부르러 갔다. 고양이는 오미 시씨에게로 와서 말했다.

"오미 시씨, 무슨 일이세요?"

오미 시씨는 말했다.

"고양이 삼촌, 제가 목화씨 빼는 도구를 지하실에 떨어뜨리고 말았지 뭐예요. 찾아 주실 수 있으세요?"

"그럼요. 제가 가져다드리지요."

고양이가 고개를 숙여 지하실로 내려가려던 찰나, 오미 시씨는 기회를 놓치지 않고 고양이의 꼬리를 칼로 싹둑 베어버렸다. 너무나 순식간에 벌어진 일에 고양이 삼촌은 아무 고통도 느끼지 못했다. 꼬리를 잃은 자기 모습을 본 고양이가 할 수 있는 일이라고는 오미 시씨에게 꼬리를 다시 붙여달라고 애원하는 것뿐이었다. 오미 시씨가 말했다.

"내가 당연히 치료해 줄 수 있지요. 하지만 우선 내 딸이 먹을 포도 한 송이를 가져다줘야 할 거예요."

이 말을 들은 고양이는 곧장 포도밭으로 가서 말했다.

"포도나무여, 내 꼬리를 치료하려면 오미 시씨에게 포도 한 송이를 가져다주어야 한단다. 나에게 포도 한 송이를 주지 않겠니?"

그 말을 들은 포도나무가 대답했다.

"내가 지금 몹시 목이 마르거든. 목을 축일 물을 가져다주면 포도 한 송이를 줄게."

고양이는 곧장 강에게 가서 말했다.

"강이여, 나에게 포도나무의 목마름을 해소할 물을 좀 주지 않겠니? 그러면 포도나무가 나에게 포도 한 송이를 줄 거야. 그것을 오미 시씨에게 가져다주면 그녀가 내 꼬리를 고쳐준다고 했어."

그 말을 들은 강이 대답했다.

"물론 줄 수 있지. 하지만 한 가지 조건이 있어. 내가 지금 조금 슬프거든. 북 치는 사람을 데리고 올 수 있겠니? 고향 노래가 한 곡 듣고 싶구나."

고양이는 곧장 북 치는 사람에게로 갔다.

"북을 연주하는 자여, 강에게 가서 북을 연주해 줄 수 있겠니? 그러면 강이 나에게 물을 줄 것이고, 이 물은 포도나무의 갈증을 해소해 난 곧 포도 한 송이를 얻을 수 있게 될 거야. 그러면 그것을 오미 시씨에게 가져다주어, 내 꼬리를 치료할 수 있게 되겠지."

하지만 북 치는 자는 이렇게 대답했다.

"물론 네 소원을 들어주고 싶지. 하지만 북을 연주할 북채가 없는걸. 목수에게 가서 만들어달라고 해줘."

그래서 고양이 삼촌은 목수에게로 갔다.

"목수여, 나에게 북을 연주할 북채를 만들어주지 않겠니? 그럼 내가 북채를 북 치는 사람에게 가져다주고, 강에게 물을 얻고 포도나무에게 포도 한 송이를 얻어 오미 시씨에게 가져다줄 수 있게 될 거야. 그럼 내 꼬리도 치료할 수 있겠지."

하지만 목수가 말했다.

"그래 좋아. 하지만 북채를 만들 목재가 없단다. 나무꾼에게 가서 가져와야겠는데?"

불쌍한 고양이는 나무꾼에게 가서 사정을 이야기했다. 하지만 나무꾼은 말했다.

"나는 네 하인이 아니잖니. 돈을 받지 않고서는 일을 할 수 없어. 하지만 부탁은 들어줄게. 여기 내 도끼를 빌려줄 테니 네가 필요한 만큼 베어 가거라."

고양이는 나무꾼에게서 도끼를 받아서 들었다. 하지만 고양이가 나무를 베려던 찰나 나무를 겨냥했던 도끼가 고양이 머리로 날아와 머리를 두 동강 내고 말았다.
 이렇게 고양이 삼촌은 죽음을 맞이했다.

달걀 껍질 이야기

어느 날 '오미 시씨'는 바닥을 쓸고 또 쓸다 작은 동전을 하나 발견했다.

'어머나, 이걸로 뭘 하지? 고기 한 덩어리를 사면 어떨까? 그런데 거긴 뼈가 있겠지. 음, 그럼 생선을 살까? 참, 거기도 가시가 있을 거야. 아무래도 달걀을 하나 사야겠어.'

오미 시씨는 이렇게 생각하고는 달걀을 사러 갔다. 그리고 껍질을 깨뜨린 다음 익혀서 맛있게 먹었다.

'이 껍질은 어떻게 할까? 바다에 던져버려야겠다.'

오미 시씨는 곧장 바다로 가서 껍질을 바다에 던졌다. 하지만 너무나 가벼웠던 껍질은 수면 위에 둥둥 떴다. 오미 시씨는 그것을 마치 배 인양 타고는 항해를 시작했다.

잠시 후 생쥐가 와서 물었다.

"이 작은 배에 누가 타고 있나요?"

오미 시씨가 대답했다.

"나야, 오미 시씨."

대답을 들은 생쥐가 오미 시씨에게 물었다.

"나도 태워주지 않겠니?"

오미 시씨는 흔쾌히 동의했고 곧 배 안쪽 작은 공간을 생쥐에게 내어주었다.

잠시 후 파랗고 작은 물고기가 와서 말했다.

"이 작은 배에 누가 타고 있나요?"

오미 시씨와 생쥐가 대답했다.

"우리가 타고 있지. 오미 시씨와 생쥐."

이 말을 들은 물고기가 말했다.

"나는 파랗고 아름다운 물고기란다. 나를 태워주지 않겠니?"

오미 시씨와 생쥐는 동의했고 곧 물고기는 그들 옆에 자리를 잡았다.

잠시 후 수탉이 와서 같은 질문을 했다.

"이 작은 배에 누가 타고 있나요?"

"오미 시씨와 생쥐, 그리고 파랗고 아름다운 물고기가 타고 있지."

그들의 말을 들은 수탉이 말했다.

"나는 아름다운 볏을 가진 수탉이란다. 나를 태워주지 않겠니?"

배에 타고 있는 동물들은 수탉을 위해 자리를 마련해 주었다.

이렇게 노란 부리를 가진 암탉, 뒤틀린 뿔을 가진 숫양, 접힌 귀를 가진 칭얼대는 당나귀도 오미 시씨에게로 와 질문을 했고 결국 그 작은 배에 자리를 잡게 되었다. 마지막으로 낙타가 다가와 물었다.

"이 작은 배에 누가 타고 있나요?"

동물들이 대답했다.

"오미 시씨와 생쥐, 파랗고 아름다운 물고기, 아름다운 볏을 가진 수탉, 노란 부리를 가진 암탉, 뒤틀린 뿔을 가진 숫양, 접힌 귀를 가진 칭얼대는 당나귀가 타고 있지."

낙타가 말했다.

"나는 네 발 달린 낙타란다. 나를 태워주지 않겠니?"

이 말을 들은 동물들은 너도나도 할 것 없이 소리쳤다.

"더는 안돼."

"자리가 없는걸."

"이미 자리가 너무 비좁아."

"우리를 그냥 놔두면 안 될까?"

하지만 네 발 달린 낙타는 조금 더 붙어 앉아 자리를 만들 수 있지 않겠느냐며 뜻을 굽히지 않았다.

동물들이 조금씩 자리를 만드는 동안, 낙타는 첫 번째 발을 오미 시씨의 작은 배 안에 넣었다. 그렇게 두 번째 발, 세 번째 발 그리고 마지막 네 번째 발을 넣으려는 순간 오미 시씨의 작은 배는 바닥으로 가라앉고 말았다.

오미 시씨는 생쥐, 아름다운 볏을 가진 수탉, 노란 부리를 가진 암탉, 뒤틀린 뿔을 가진 숫양, 접힌 귀를 가진 칭얼대는 당나귀와 함께 이 난파선에서 죽음을 맞이했다. 한편, 네 발 달린 낙타는 지방 가득한 혹 덕택에 잠시 물에 떠다니다가 가까스로 해안에 도착할 수 있었다. 유일하게 재앙을 피한 동물은 파랗고 아름다운 물고기뿐이었다. 물고기는 다시 바다로 가 제자리를 찾았다.

쥐 씨와 그의 젊은 아내의 여행

어느 날 쥐와 그의 젊은 아내는 이웃 식료품점에서 호두 하나를 샀다. 호두를 깨서 안의 내용물을 다 먹고는 껍질을 가지고 호숫가로 갔다. 그곳에서 그들은 호두 껍데기를 물 위에 던져 배처럼 만들고는 그 안에 들어갔다. 그리고 호수의 잔잔하고 푸른 물 위를 항해했다. 물고기 한 마리가 배 가까이에 와 말했다.

"그 배에는 누가 타고 있나요?"

쥐가 대답했다.

"쥐와 그의 젊은 아내가 타고 있소."

그 말을 들은 물고기가 말했다.

"저도 태워주세요. 저는 은빛 물고기랍니다."

물고기는 배에 올랐고 셋은 다시 여행을 시작했다. 계속해서 물 위를 떠돌던 배는 이번에는 암탉을 만났다. 암탉이 물었다.

"그 배에는 누가 타고 있나요?"

쥐가 대답했다.

"쥐와 그의 젊은 아내, 그리고 은빛 물고기가 타고 있소."

그 말을 들은 암탉이 말했다.

"저도 태워주세요. 저는 신선한 달걀을 낳는 암탉이랍니다."

암탉은 배에 올랐고 넷이 된 그들은 다시 여행을 시작했다. 얼마 지나지 않아 수탉이 나타났다. 수탉이 물었다.

"그 배에는 누가 타고 있나요?"

쥐가 대답했다.

"쥐와 그의 젊은 아내, 은빛 물고기 그리고 신선한 달걀을 낳는 암탉이 타고 있소."

"저도 태워주세요. 저는 새벽을 알리는 수탉이랍니다."

수탉이 배에 올랐고 그들은 다섯이 되어 다시 여행을 시작했다. 다음으로는 말 한 마리가 다가왔다. 말이 물었다.

"그 배에는 누가 타고 있나요?"

쥐가 대답했다.

"쥐와 그의 젊은 아내, 은빛 물고기, 신선한 달걀을 낳는 암탉 그리고 새벽을 알리는 수탉이 타고 있소."

"저도 태워주세요. 저는 히힝 우는 말이랍니다."

말이 배에 올랐고 여섯이 된 그들은 작은 배에서 몸을 부대끼며 항해를 시작했다. 저 멀리에서 낙타가 나가와서 그들에게 말했다.

"그 배에는 누가 타고 있나요?"

쥐가 대답했다.

"쥐와 그의 젊은 아내, 은빛 물고기, 신선한 달걀을 낳는 암탉, 새벽을 알리는 수탉 그리고 히힝 우는 말이 타고 있소."

"저도 태워주세요. 저는 큰 짐을 진 무거운 낙타랍니다."

배에 오르고 싶던 낙타는 발 한쪽을 배에 살포시 올려놓

앉다. 하지만 너무 무거운 나머지 배가 가라앉았고, 배 위에 있던 행복한 여행자들은 모두 물에 빠져 죽고 말았다.

개미와 작은 쥐의 결혼

결혼을 결심한 개미는 자신이 가진 가장 멋진 옷으로 치장하고 문 앞에서 자기와 결혼해 줄 이를 기다렸다. 그때 수탉이 지나가다 어여쁜 개미를 보고는 말했다.
"예쁜 개미야, 나를 남편으로 받아주겠니?"
개미가 대답했다.
"넌 뭘 할 수 있는데?"
"나는 새벽에 '꼬끼오'하고 노래할 수 있어. 내 아름다운 목소리에 해가 잠에서 깨지."
그 말을 들은 개미가 말했다.
"저리가! 저리가! 너는 내 아이들을 놀라게 할 것이 분명해."
다음으로 고양이가 왔다.
"야옹, 야옹! 내 사랑. 나를 남편으로 받아주겠니?"
고양이의 말을 들은 개미가 말했다.
"안될 말이지. 나는 하루 종일 잠만 자는 남편을 원하지 않아. 내 아이들에게 나쁜 본보기가 될 거야."
그러자 작은 회색 당나귀가 나타나더니 말했다.
"히힝, 히힝"
당나귀는 이렇게 소리 내고는 개미에게 청혼했다. 개미가 소리치며 뒷걸음질 쳤다.
"저리가! 저리가! 너 때문에 놀랐잖아."

계속해서 이런 일이 있자 개미는 낙심하기 시작했다. 그 때 낙타가 묵직한 발걸음으로 터덕터덕 걸어오는 게 보였다. 낙타는 개미를 보고는 입술을 벌려 그의 하얀 이를 드러내며 울음소리를 내기 시작했다. 낙타도 역시 개미에게 청혼했지만, 낙타의 울음소리를 듣고 겁에 질린 개미는 그의 청혼을 거절했다.

"저리가! 저리가! 너는 못생긴 데다가 너무 무섭잖아."

다음으로 활기 넘치는 작은 쥐가 다가왔다. 개미의 아름다움에 반한 쥐는 공손히 인사를 하고 개미에게 청혼했다. 개미가 쥐에게 물었다.

"너는 뭘 할 수 있는데?"

"널 위해 나는 술탄의 곡물창고에 가서 곡물을 훔칠 거야. 그걸로 네가 여왕처럼 먹고 생활하게 해줄게."

개미는 청혼을 받아들였고 곧 멋진 결혼식이 거행되었다. 축제는 일주일 동안이나 계속되었다. 많은 손님들이 방문했고 연주자들의 음악은 아주 훌륭했다. 결혼한 지 보름쯤 되었을 때, 개미는 남편과 함께 빨래하러 강가에 갔다. 그들은 빨래를 끝내고 수영하기로 했다. 수영을 시작한 개미가 갑자기 물살에 휩쓸렸다. 개미는 물에 빠져 허우적대며 남편을 불렀다. 강가에 있던 남편은 절망에 빠져 어찌해야 할 바를 몰랐다. 결국 그는 부인이 잡을 수 있도록 긴 꼬리를 내밀었다. 하지만 너무 가느다란 꼬리는 불행하게도 개미가 기슭에 도착한 그 순간 '뚝'하고 끊어지고 말았다. 쥐는 너무나 창피한 나머지 집으로 들어가 나오지 않았다. 남편이 걱정이 된 개미는 심사숙고 끝에 전국의 모든 쥐에게 아픈 남편을 만나러 와 줄 것을 요청했다. 개미는 도착한 쥐들 모두에게 마법의 가루를 섞은 민트차를 권했고 차를 마신 쥐들은 잠에 빠져들었다. 개미는 그들이 잠든 사이 그들의 꼬리를 모두 잘랐다. 이것이 그 시기 모든 쥐의 꼬리가 잘려진 이유이다.

매미와 쥐의 결혼

결혼할 날을 손꼽아 기다리는 매미가 있었다. 그녀는 날개를 다듬고 보석을 달고 어머니에게 머리를 매만져달라고 부탁하여 치장한 후 남편을 찾기 위해 문 앞에 자리 잡았다. 그때 낙타가 지나가며 말했다.
"꼬마 매미야? 무엇을 기다리고 있니?"
매미가 대답했다.
"나는 남편을 기다려."
"그럼, 나랑 결혼할래? 너는 무척이나 아름답고 너의 보석은 매우 빛이 나는구나."
낙타의 말을 들은 매미가 말했다.
"넌 뭘 할 수 있는데?"
낙타가 대답했다.
"히힝! 울 수 있지!"
"저리가! 너는 너무 크고 뚱뚱해."
매미의 말을 들은 낙타는 슬픔과 부끄러움으로 고개를 숙이고는 떠나버렸다. 뒤이어 큰 소가 매미에게 다가왔다.
"매미야, 나와 결혼할래?"
소의 말을 들은 매미가 말했다.
"넌 뭘 할 수 있는데?"
소가 대답했다.

"음매! 음매! 울 수 있지!"

"저리가! 네 목소리와 큰 뿔이 너무 무서워."

매미의 말을 들은 소는 슬픔과 부끄러움으로 고개를 숙이고는 떠나버렸다. 뒤이어 당나귀가 매미에게 다가와서 말했다.

"매미야, 나와 결혼할래?"

당나귀의 말을 들은 매미가 말했다.

"넌 뭘 할 수 있는데?"

당나귀가 대답했다.

"난 히힝! 히힝! 울 수 있지."

"저리가! 저리가! 너의 울음소리로 내 귀가 멀 지경이야."

매미의 말을 들은 당나귀는 슬픔과 부끄러움으로 고개를 숙이고는 떠나버렸다. 잠시 후 수탉이 도착하여 꼬리를 펴고 볏을 높이 들며 말했다.

"매미야, 나와 결혼할래?"

수탉의 말을 들은 매미가 말했다.

"넌 뭘 할 수 있는데?"

"난 꼬끼오! 꼬끼오! 울 수 있지."

수탉의 울음소리를 들은 매미는 깜짝 놀라 소스라치며 말했다.

"저리가!"

매미의 말을 들은 수탉은 슬픔과 부끄러움으로 고개를 숙이고는 떠나버렸다. 마침내 작은 쥐가 왔다. 그의 작고 뾰족한 주둥이와 긴 꼬리는 매미를 매우 즐겁게 했다.

"매미야, 나와 결혼할래?"

쥐의 말을 들은 매미가 말했다.

"넌 뭘 할 수 있는데?"

"술탄의 집에 가서 기름, 설탕, 밀가루, 꿀을 가져다줄게."

매미는 기뻐하며 말했다.

"그래? 그럼 너와 결혼할게. 키도 적당하고 나에게 꿀을 가져다주겠다는 자는 네가 처음이거든."

이렇게 매미와 쥐는 결혼했다. 결혼 후 쥐는 매일 술탄의 집에 무언가를 훔치러 갔고 그동안 매미는 집안일을 도맡아 했다. 어느 날 쥐가 밀가루를 훔치러 궁전에 가 있는 동안 매미는 강에서 빨래하고 있었다. 빨래를 너무 열심히 헹군 나머지 발을 헛디뎌 물에 빠지고 말았다. 매미는 소리쳤다.

"쥐야! 술탄의 궁전에서 밀가루를 훔치는 쥐야! 빨리 와! 네 아내가 물에 빠졌어."

쥐는 그 말을 듣고 훔치려던 밀가루를 내팽개치고는 튼튼한 밧줄을 챙겼다. 하지만 밧줄은 너무 무거웠다. 그래서 그의 긴 꼬리를 물에 담가 아내를 구했다. 매미가 기슭에 도착하자 쥐는 젖은 아내를 위해 큰 불을 피웠다. 큰일을 겪은 매미는 집안일을 하지 않기로 결심했다. 이제 집안일은 쥐의 몫이었다. 그날 이후 쥐는 매우 분주하게 여기저기를 돌아다니게 되었고 매미는 햇빛이 비치면 나무 위에서 쉬지 않고 노래하게 되었다.

여우와 가젤

커다랗고 아름다운 눈을 가진 가젤이 대초원에서 뛰놀고 있었다. 태양은 뜨거웠고 땅도 불타듯 뜨거웠다. 가젤은 목이 말라 작은 개울이 숨겨져 있는 야자수 숲 쪽으로 몸을 옮겼다. 모랫길을 가다가 가젤은 여우 한 마리를 만났다. 그 역시 목이 말라 혀를 내밀고는 물을 찾아 헤매고 있었다. 여우가 말했다.

"대초원의 사랑스러운 소녀 가젤아, 너는 어디로 그렇게 달려가고 있니?"

가젤이 말했다.

"저기 야자수 아래서 더위를 식히려고."

여우는 입맛을 다시면서 순진하고도 온화한 목소리로 말했다.

"야자나무 숲이 위험에 가득 차 있다는 사실을 모르는구나. 내가 앞서가서 안전한지 알아볼게."

물을 모두 다 마셔버리기로 결심한 여우가 길을 재촉했다. 하지만 야자나무 숲에 사는 동물들이 그를 막아섰다. 새는 여우를 비웃었고 뱀은 물웅덩이를 둘러쌌고 선인장 뒤쪽에서는 정체 모를 소리가 들렸다. 여우는 두려움에 뒷걸음질 쳤다. 입은 바싹 말랐고 모래 위의 발은 뜨거워 타버릴 지경이었다. 잠시 후 가젤이 우아한 모습으로 도착했다. 항아리 손잡이처럼 생긴 데다 활처럼 유연한 목을 가진 가젤은 가느다란 네 발 위에서 몹시 날렵해 보였다. 그녀는 주위를 둘러봤다. 뱀은 햇볕으로 몸을 옮겼고 새는 가젤을 위해 노래를 시작했다. 선인장 뒤쪽에서 나던 소리도 사라졌다. 우아한 대초원의 공주는 가느다란 주둥이를 물속으로 쭉 내밀었다. 목을 축인 가젤은 여우를 놀리려는 듯이 그 앞에서 춤을 추다가 가젤 무리 쪽으로 전속력으로 달려갔다. 그렇게 여우는 사막 가장자리의 대초원과 야자수 숲에서는 아름다움과 부드러움이 교활함보다 강하다는 사실을 깨닫게 되었다.

까마귀와 원숭이

까마귀 두 마리가 있었다. 까마귀들은 그들이 훔친 치즈를 나누고 싶었지만, 서로가 더 큰 조각을 가지고 싶어 했던 탓에 원숭이를 찾아가기로 했다.

"원숭이는 치즈를 똑같이 나눠줄 수 있을 거야."

치즈 두 조각을 받아 든 원숭이는 각각을 저울에 올려놓았다. 저울은 한쪽으로 기울었다. 저울의 균형을 맞추기 위해 원숭이는 큰 조각을 베어 먹었고 그러자 그 조각은 다른 조각보다 작아졌다. 원숭이는 둘 중에 더 큰 치즈 조각을 번갈아 가며 베어 먹고 또 먹었다. 결국 아주 작은 치즈 한 조각만 남았다. 원숭이는 화가 난 까마귀들에게 말했다.

"남은 이건 고생한 내 것이지?"

이렇게 말하고는 마지막 남은 조각을 먹어버렸다.

사자, 하이에나 그리고 여우

어느 날 사자, 하이에나, 여우가 사냥을 나갔다. 그들은 얼룩말, 가젤 그리고 산토끼를 잡았다. 사자가 하이에나에게 말했다.

"우리 이거 나눠 갖자."

하이에나는 대답했다.

"나누는 건 쉬워. 얼룩말은 사자, 너의 것이고 산토끼는 여우, 가젤은 내 것이야."

그 말을 들은 사자는 앞발로 하이에나를 때리고는 목을 물어 죽였다. 다음으로 사자는 여우에게 가서 물었다.

"우리 이거 나눠 갖자."

여우가 대답했다.

"얼룩말은 네 점심, 가젤은 네 저녁, 산토끼는 네 간식이야."

그 말을 들은 사자가 말했다.

"너 정말 똑똑하구나. 어떻게 알았니?"

여우가 말했다.

"하이에나의 잘린 머리가 말해줬어."

뱀과 사막 쥐

동물들이 말할 줄 알던 시절의 이야기다. 어느 날 뱀은 들판 한 가운데 파인 구멍을 보고 이를 작은 동물이 사는 집이라고 생각했다. 뱀은 배가 무척이나 고픈 상태였지만 귀찮기도 하고 점심을 찾아 서둘러 가는 것을 좋아하지도 않았던 터라 구멍 주위를 둘러싸며 이렇게 말했다.

"이 구멍을 둘러싸고 누워있어야겠다. 여기서 뭔가가 나오면 똬리를 틀어 잡아먹어야지."

한참이 지났고 구멍에서 사막 쥐가 모습을 드러냈다.

"여기서 뭐 하는 거야?"

사막 쥐는 뱀에게 말했다.

"너를 기다리고 있었어. 배가 매우 고파서 점심을 기다리고 있단다."

뱀이 대답했다. 사막 쥐는 울부짖으며 굶어 죽어가는 아내와 아이들을 봐서라도 자비를 베풀어달라고 말했다. 하지만 매우 배가 고팠던 뱀은 들은 척도 하지 않았다. 죽음을 직감한 쥐가 뱀에게 말했다.

"그럼 내 가족들에게 작별 인사를 하고 올게."

그러자 뱀이 말했다.

"그래. 다녀와. 넌 어차피 나를 피할 수 없어."

영리한 사막 쥐는 구멍으로 들어가서 다른 길을 뚫더니

조금 떨어진 다른 곳에 입구를 내었다.

"아직도 점심을 기다리고 있어?"

밖으로 나온 사막 쥐가 뱀에게 말하자, 뱀은 깜짝 놀랐다.

"어디로 나온 거야? 졸지도 않고 계속 구멍을 지키고 있었는데."

뱀의 말을 들은 사막 쥐가 웃으며 말했다.

"너도 알다시피 알라는 위대하시지. 자신이 한 일을 잘 알고 계셔. 알라는 너에게 엄청난 식욕과 사막 쥐를 소화할 수 있는 거대한 위장을 주셨지만, 우리 사막 쥐들에게도 무언가를 주셨어. 바로 구멍을 팔 수 있는 발과 너로부터 도망칠 꾀를 말이야."

작은 자고새, 아자일라

작은 자고새, '아자일라'는 자신의 작은 집에서 조용히 알을 품고 있었다. 그때 까마귀 '그랍'이 와서 문을 두드리며 말했다.

"안녕, 아자일라?"

"안녕, 그랍?"

둘은 인사를 나눴다.

"그나저나 술탄께서 큰 잔치를 여신다는데, 가고 싶지 않니?"

그랍이 묻자 아자일라가 대답했다.

"내 알들을 두고 갈 순 없어."

그 말을 들은 그랍이 말했다.

"거기에 좋은 게 얼마나 많은데! 그곳에 가면 정말 제대로 즐기고 올 수 있을 거야. 내가 알을 품어 줄까? 조심해서 품을게. 약속해!"

그랍의 말에 아자일라는 길을 나섰다. 그랍은 집 문을 조심스럽게 닫았다.

힘겹게 찾아간 술탄의 궁전에는 아무것도 없었다. 그래서 아자일라는 집으로 돌아왔지만, 집 안에 있는 그랍은 문을 열어 주지 않았다.

"이게 무슨 짓이야! 썩 나오지 못해? 거긴 내 집이라고!"

화가 난 아자일라는 울기 시작했다. 지나가던 당나귀가

울고 있는 아자일라를 보고 물었다.

"아자일라, 무슨 일이니?"

"까마귀 그랍이 우리 집을 빼앗았어."

아자일라의 말을 들은 당나귀는 문을 두드렸다. 그러자 그랍이 소리쳤다.

"저리 가! 추잡한 당나귀 같으니라고."

낙타와 수탉, 암탉이 차례로 문을 두드렸지만 그랍은 꿈쩍도 하지 않았다. 그래서 모두 아자일라와 함께 울기 시작했다. 그때 까치 '오미 시씨'가 찾아왔다. 그랍은 똑같이 소리쳐 오미 시씨를 쫓아버리려 했지만, 오미 시씨는 부리로 자물쇠를 열고 그랍의 눈을 쪼았다. 그랍은 어쩔 수 없이 문을 열었고 그렇게 아자일라는 집을 되찾았다.

어미 염소와 새끼 염소들

동물들이 말할 줄 알던 시절의 이야기이다. 염소 한 마리가 새끼 염소들과 함께 살고 있었다. 어미 염소는 새끼들을 잘 돌보았고 늑대가 와서 잡아먹을까 봐 걱정하며 집 문을 항상 단단히 잠가 두었다. 매일 아침, 음식을 구하러 들판으로 나갈 때에는 아이들에게 자신이 없는 동안 절대 문을 열지 말라고 신신당부했다. 저녁에 집에 돌아올 때는 뿔로 문을 두드리며 이렇게 말했다.

"사랑스러운 내 새끼들, 문을 열어 주렴. 너희들 주려고 가슴에는 젖을, 등에는 풀을, 뿔에는 물을 가득 채워 왔단다. 문을 열어 주렴."

이렇게 말하면 새끼 염소들은 매우 기뻐하며 문을 열었고 어미 염소는 신경 써서 문을 다시 잠갔다. 그제야 새끼들은 어미 염소의 품에 안겼다. 그러나 이 행복한 생활은 얼마 지속되지 못했다. 집 주변을 어슬렁거리던 배고픈 늑대가 어미 염소의 말을 듣게 된 것이다. 다음 날 늑대는 염소로 분장하고 염소의 집 문을 두드렸다.

"사랑스러운 내 새끼들, 문을 열어 주렴. 너희들 주려고 가슴에는 젖을, 등에는 풀을, 뿔에는 물을 가득 채워 왔단다. 문을 열어 주렴."

이 말을 들은 새끼 염소들은 문을 열기 위해 문 쪽으로 갔다. 하지만 막내 염소만은 예외였다. 어미 염소의 목소리가 아니었기 때문이다. 막내의 설득에도, 형들은 문으로 다가갔고 막내는 어쩔 수 없이 다락으로 몸을 숨겼다. 이윽고 문이 열리고 늑대가 나타났다. 늑대는 문 근처 새끼 염소들에게 달려들어 모두 잡아먹었다. 저녁이 되자 어미 염소가 집으로 돌아왔다. 집에는 막내 염소뿐이었다. 이것이 어미의 말을 듣지 않는 자들에게 일어날 수 있는 일이다.

정원사와 거북이

한 늙은 정원사가 꽃을 기르며 평화롭게 살고 있었다. 그는 주로 향기가 좋은 장미를 키웠다. 어느 날 아침 그는 정원에 장미가 한 송이도 남아 있지 않은 것을 보고 깜짝 놀라 말했다.

"누가 내 꽃을 가져갔어!"

화가 난 그는 집 문을 더욱 단단히 잠갔다. 그럼에도 여전히 다음 날 꽃은 사라졌다. 그는 결심했다.

"오늘 밤에는 잠을 자지 않고 범인을 잡겠어."

저녁이 되고 별빛도 모습을 감춘 때였다. 갑자기 커다란 거북이가 나타나더니 반쯤 피어난 장미 쪽으로 가 그것을 먹어버리는 것이 아닌가. 그것을 본 정원사가 소리쳤다.

"이놈! 잡았다. 도망칠 생각 말아라!"

거북이는 용서해달라고 애원했지만, 정원사는 그럴 생각이 없었다.

"용서해달라고? 절대로 그렇게는 못 하지. 원하면 죽는 방식을 선택할 수 있게는 해주마."

이 말을 들은 거북이가 말했다.

"정원사님. 그렇다면 당신의 처분에 따르겠어요. 하지만 절대로 물에 넣어 죽이진 말아주세요. 그건 견딜 수 없을 거예요."

"내 장미를 모두 먹어 치운 나쁜 놈. 혼쭐 나봐라."
정원사는 소리치며 거북이를 물에 던졌다.
"이게 바로 제가 바라던 바예요."
거북이는 이렇게 말하며 정원사로부터 멀리 헤엄쳐 사라졌다.

원숭이와 어부

열심히 일했지만 가난에서 벗어날 만큼의 충분한 물고기를 잡은 적이 없는 한 어부가 있었다. 하지만 그는 끈질겼고 결코 포기하지 않았다. 그날도 역시 여러 번의 그물질에도 물고기가 한 마리도 잡혀 올라오지 않는 날이었다. 하지만 그날은 다른 날과는 조금 달랐다. 마지막 그물질에 뭔가 무거운 것이 걸린 것이다. 그물에는 작은 상자가 걸려있었다. 상자를 잡아 든 그는 속에 무엇이 있는지 바로 열어보고 싶었지만 마침 그의 친구들 몇 명이 지나가고 있어 조금 더 참기로 했다. 보물일지도 모를 그것을 친구들에게 보여주고 싶지 않았기 때문이다. 친구들이 떠나자 그는 설레는 마음을 다잡고 상자를 열었다. 그 속에는 원숭이 한 마리가 들어있었다. 그는 매우 실망했다. 하지만 곧 너무나 웃긴 표정을 짓는 원숭이를 보고는 친구가 생겼다는 사실에 매우 기뻐했다. 저녁 식사 시간이 되자 그는 원숭이를 집으로 데리고 갔다. 원숭이는 식사를 준비하는 그의 모든 몸동작을 따라 했는데 이것을 본 어부는 크게 웃었다. 그는 원숭이 덕분에 피곤하고 지루하기만 했던 모든 일들이 재미있어졌다는 사실을 깨달았다. 하지만 여전히 그는 가난했다. 약간의 빵과 야채를 살 돈조차 남아 있지 않았기 때문에 시장에 갈 수조차 없었다. 하지만 돈이 부족할 때마다 매번 원숭이는 필요한 물품을 사기에 딱 알맞은 돈이 들어있는 마법의 지갑을 그에게 건네주었다. 어느 날 원숭이가 말했다.

"저는 궁전에 있는 아름다운 공주를 알고 있어요. 우리는 그녀를 만나러 가야 해요. 말을 한 마리 사고 지갑을 챙겨서 길을 떠나도록 해요. 단, 당황스러운 순간이 올 때는 매번 화난 척을 하고 나를 때려야 한다는 사실을 꼭 기억하세요."

그들은 곧 궁전 앞에 도착했다. 하지만 아무도 그들이 온 것을 눈치채지 못했다. 당황스러웠던 어부는 화난 척을 하며 원숭이를 때렸는데 원숭이가 너무나 시끄러운 소리를 내며 얼굴을 찡그린 나머지 성안에 있던 공주가 창문 너머로 그 광경을 내다보게 되었다.

"정말 웃기네요. 그들을 궁전으로 들여보내세요."

공주가 외쳤고, 그들이 궁전에 도착하자 이렇게 말했다.

"저 원숭이를 가지고 싶어요."

그 말을 들은 어부가 말했다.

"그러려면 저와 결혼하셔야 합니다."

공주는 이에 동의했고, 그때부터 원숭이와 어부는 궁전에 살게 되었다. 하지만 가난 속에서 살았던 어부는 궁전에서 생활하는 방법을 몰랐다. 식탁보를 더럽히는 등 큰 실수를 일삼았다. 하지만 그럴 때마다 그는 원숭이를 비난하고 때리는 척을 했다. 그 덕분에 그는 부자가 되었고 권력도 가지게 되었다. 그는 차차 원숭이의 소중함을 망각하고 그것을 평범한 동물처럼 대하게 되었다.

그러던 어느 날 원숭이는 주인의 사랑을 확인하고 싶었다. 그래서 병이 나 죽어가는 척을 했고, 곧 이 소식이 왕자가 된 어부에게까지 전해졌다.

"죽거든 똥 더미에 던져버리거라."

말이 끝나기 무섭게 그는 아무런 수확 없이 구멍 난 그물을 강가에 하염없이 던지는 예전의 어부로 돌아갔다.

개구리와 쥐

개구리와 쥐는 결혼해서 매우 사이좋게 그리고 행복하게 지내고 있었다. 어느 날 개구리는 고기를 사 와 고기에 곁들일 맛있고 매콤한 소스를 준비했다. 식사 시간이 되자 부부는 음식을 매우 배불리 먹었다. 마지막으로 접시에 고기 한 조각이 남자 쥐가 개구리에게 말했다.
"가져가서 맛있게 드세요."
개구리가 말했다.
"고맙지만, 당신이 드세요."
쥐가 말했다.
"아녜요. 이건 당신 거예요."
쥐와 개구리 모두 자신의 의견을 굽히지 않았다. 정중한 어조로 시작된 논쟁은 빠르게 격화되었고, 화가 난 쥐는 부인에게 고기 조각을 던졌다. 매콤한 소스가 개구리의 목을 타고 흘러내렸다. 그녀는 눈을 반쯤 감고는 몸을 부르르 털었다. 그러고는 아무 말 없이 집 밖으로 나와 연못으로 뛰어들었다. 이내 마음을 진정시킨 쥐는 갑작스러운 행동을 후회하며, 아내를 불러 사과할 심산으로 물가로 갔다. 하지만 토라진 아내는 대답조차 없었다.

불쌍한 쥐는 홀로 집으로 돌아왔다. 그가 너무나 많이 그리고 크게 운 나머지 동네 동물들이 달려와 그를 위로하기 시작했다. 그는 발등으로 눈물을 닦으며 자신의 실수를 이야기했다. 쥐의 말을 들은 수탉이 자신 있게 일어나 쥐에게 그의 아내를 찾아 데려오겠다고 말했다. 수탉은 연못으로 가 노래했다.

"꼬끼오! 개구리야, 어서 돌아오렴. 쥐는 화를 다 풀었어. 너를 기다리고 있단다. 어서 돌아오렴."

하지만 아직 마음을 풀지 못한 개구리는 이렇게 대답했다.

"저리 가. 자기가 왕이라고 생각하지만 결국 냄비 안에 놓일 신세인 불쌍한 너의 말을 내가 어떻게 믿을 수 있겠어?"

화가 난 수탉은 날개를 파닥거리며 연못을 떠났다.

이번에는 암탉이 쥐의 아내를 데리러 왔다. 암탉은 깃털을 흔들며 외쳤다.

"꼬꼬댁! 어서 집으로 돌아가 집을 정돈해야지. 꼬꼬댁! 집이 엉망이야. 빨리 돌아와!"

암탉의 말을 들은 개구리가 말했다.

"저리 가. 자기 말도 기억하지 못하는 수다쟁이의 말을 내가 어떻게 믿을 수 있겠어?"

기분이 상한 암탉은 등을 돌려 연못을 떠났다.

이번에는 당나귀 차례였다. 당나귀도 역시 쥐의 아내를 데리러 연못으로 갔다. 물가에 선 당나귀는 긴 귀를 흔들며 소리쳤다.

"히이힝! 왜 이렇게 오랫동안 토라져 있니?"

개구리는 당나귀의 말을 끊고는 말했다.

"저리 가. 사람에게 끊임없이 복종하며 채찍질 당하기만 하는 불쌍한 너의 말을 내가 어떻게 믿을 수 있겠어?"

이 말을 당나귀는 슬퍼하며 연못을 떠났다.

마지막으로 말이 개구리를 데리러 왔다. 쥐도 슬피 울면서 말을 따라왔다. 말이 연못을 향해 외쳤다.

"개구리야. 다시 돌아와. 쥐가 매우 짓궂긴 했지. 하지만 너무 울어서 보기 애처로울 정도야. 돌아와서 용서해주렴."

말의 말을 들은 개구리는 쥐가 슬퍼하고 있다는 사실을 알고는 마음이 누그러졌다. 연못 아래 홀로 외로웠던 개구리가 밖을 향해 외쳤다.

"알겠어. 용서하고 집으로 돌아갈게. 하지만 쥐는 앞으로 좀 더 차분해지겠다고 약속해야 할 거야."

쥐는 기뻐하며 약속했고, 개구리는 물 밖으로 나왔다. 그리고 그들은 다시 함께 행복하게 지내게 되었다.

정원사, 새, 개 그리고 당나귀

한 정원사가 있었다. 어느 날 잠시 도시에 갈 일이 있었던 그는 자기 애완동물인 새, 개 그리고 당나귀를 불러서 집을 잠시 맡기기로 했다.

"새야, 이상한 자가 정원에 들어오면 그 사람 위로 원을 그리며 돌 거라. 필요하다면 부리로 세게 쪼아도 좋아."

그 말을 들은 참새는 작고 동그란 눈으로 주인을 바라보며 고개를 한쪽으로 기울이고는 마치 '네'라고 대답하는 듯 짹짹 소리를 냈다.

정원사는 개에게 말했다.

"개야, 한쪽 눈은 꼭 뜨고 자야 한다. 감히 이곳에 들어오려는 사람이 있을지 모르거든. 사람이 들어오면 맹렬하게 짖으면서 물어 뜯어버려라."

개는 주인의 손을 핥으며 모든 일은 자기가 처리하겠다는 양 애정 어린 멍멍 소리를 냈다.

정원사는 당나귀에게 말했다.

"당나귀야, 내 채소를 건드리는 낯선 사람이 있다면 힘차게 걸어차 버려라."

자신을 믿으라는 듯 당나귀는 고개를 끄덕이며 히힝 소리를 냈다.

이윽고, 정원사는 길을 떠났다. 혼자 남은 당나귀는 생각했다.

'이런 행운이 있나! 주인님이 나 없이 마을에 가신다니! 먼지가 많은 길을 따라 무거운 채소를 나르지 않아도 되니 얼마나 좋아. 나는 하루 종일 자유야. 날씨도 좋고 햇살도 좋고 모든 게 좋구나!'

당나귀는 미친 듯이 질주하고 등을 대고 구르고, 또 발굽을 공중으로 띄우면서 기쁨을 표현하기 시작했다. 쿵쿵 발을 구르는 당나귀로 인해 땅은 짓밟혀 다져졌다. 정원이 얼마나 크게 망가졌는지 마치 태풍이 지나간 것만 같았다. 이렇게 한참을 즐기고 난 당나귀는 배가 고파졌다. 그래서 정원 여기저기에서 자기가 좋아하는 부드러운 풀들을 뜯어 배를 채웠다. 무의 털 많은 잎이 혀를 따끔거리게 하긴 했지만, 입 안에서 아삭아삭 씹히는 분홍색 무는 그를 기쁘게 했다. 이렇게 당나귀는 하루 종일 즐거움을 누렸다. 그동안 개는 문을 지켰고, 새는 길을 순찰했다.

잠시 후 정원사가 돌아왔다. 쑥대밭이 된 정원을 본 그는 화가 치밀어 올라 동물들을 불러 모았다.

"내가 없는 동안 누군가가 정원에 들어왔었느냐?"

새와 개, 당나귀가 차례로 대답했다.

"아니요. 아무도 들어오지 않았어요."

"낯선 사람은 없었어요."

"저는 아무것도 보지 못했는걸요."

동물 이야기 • 175

이 말을 들은 정원사가 말했다.

"그렇다면 정원을 이렇게 만든 자는 너희들 중 한 명이겠구나."

분노에 찬 정원사는 위협적인 목소리로 말했다.

"새야, 네가 그랬니?"

화가 난 참새는 깃털을 휘날리며 뛰기 시작했고, 이렇게 소리쳤다.

"나는 아니에요."

그러자 정원사는 개에게 물었다.

"그럼 너니?"

개는 애정 어린 눈빛으로 주인을 바라보며, 자신이 아니라는 것을 알고 있지 않느냐는 듯 멍멍거렸다. 개의 대답을 들은 정원사는 당나귀에게로 가서 소리쳤다.

"그러면 바로 너로구나!"

잠자코 있던 당나귀가 아니라는 듯 고개를 힘껏 저으며 힘 있는 목소리로 대답했다.

"히힝!"

정원사는 이렇게는 범인을 찾을 수 없음을 알고는 분노를 잠시 억눌렀다. 그리고 범인을 색출하기 위해 신의 심판을 받기로 했다.

집 근처 무화과나무 아래에는 우물이 하나 있었다. 그는 그 위에 좁은 판자를 걸쳐 놓고 동물들에게 말했다.

"이 판자를 건너가는 자는 죄가 없는 자요, 우물에 빠지는 자는 죄가 있는 자다."

그러고는 새에게 말했다.

"새야, 네가 첫 번째다."

그 말을 들은 새는 가느다란 다리로 가볍게 뛰어올라 춤을 추듯 앞으로 나아가며 좁은 다리를 무사히 건넜다. 다음은 개 차례였다. 영리한 개는 조심스럽게 한 발을 다리에 내려놓고는 한 발 한 발 조심스럽게 다리를 건넜다.

"이제 당나귀, 네 차례다."

당나귀는 다리를 건널 자신이 없었다. 몸을 떨면서 무거운 발굽을 앞으로 내디딘 당나귀는 두 번째 발굽을 이어서 내디뎠고, 세 번째 발굽을 내디디자마자 두려움과 현기증에 사로잡혀서는 균형을 잃고 우물에 빠져버리고 말았다. 이윽고 그의 커다란 몸이 물에 부딪히면서 퐁당 소리가 들렸다.

정원사는 밧줄과 튼튼한 막대기를 가져왔다. 그는 밧줄을 우물에 던져 당나귀에게 잡게 한 후, 마치 물통을 끌어 올리듯 당나귀를 끌어 올리기 시작했다. 잠시 후 흠뻑 젖은 당나귀의 머리와 네 다리가 모습을 드러냈고, 당나귀는 우물의 가장자리를 밟고 넘어가 우물 밖 땅에 쿵 하고 떨어졌다. 정원사는 막대기를 들고 당나귀를 기다리고 있었다. 주인은 당나귀가 다시는 그런 짓을 벌이지 못하도록 채찍을 휘둘렀다.

고슴도치를 아십니까

이 보기 흉한 작은 동물은 시골에 숨어 산다. 그는 사람들의 눈에 띄지 않게 조심조심 흙덩이 사이를 천천히 기어간다. 그 땅딸막한 몸에는 가시가 빽빽이 나 있는데 그 흐릿한 빛깔 때문에 우리는 종종 그것을 못 보고 지나치기도 한다. 아이들은 정원에서 민달팽이를 찾는 고슴도치의 모습을 발견하곤 지레 겁을 먹는다. 그래서 고슴도치는 항상 고독 속에 살아간다.

이것은 겸손하고 슬픈 모습을 간직하고 있는 이 작은 동물의 이야기다.

오래 전, 노부인들이 집 앞에서 평화롭게 일을 하고 있었다. 그들은 유쾌하게 이야기를 나누며 양털을 손질하고 있었고 그들과 그리 멀리 떨어지지 않은 강가에서는 양 떼들이 평화롭게 풀을 뜯고 있었다. 그러다 갑자기 그들은 양들 중 하나가 양치기 개의 감시를 피해 아주 먼 곳으로 도망갔다는 것을 알아차렸다. 그래서 모두 일을 잠시 중단하고는 도망간 양을 찾아 나섰다. 때마침 마을에는 낯선 남자가 지나가고 있었다. 노부인들이 모두 양을 찾으러 가는 모습을 본 그 남자는 그들이 없는 틈을 타서 그들이 사용하고 있던 양털 빗는 도구를 훔쳐 달아났다. 노부인들이 돌아왔을 땐 이미 그곳에는 아무것도 없었다. 여간 곤란한 일이 아닐 수 없었다. 노부인들은 눈물을 흘리며 어떻게 일을 이어갈지 막막해했다. 그래서 모두 그 도둑을 증오하기 시작했다. 한 노부인이 이렇게 외쳤다.

"신이시여, 그를 처벌하고 그의 몸 전체에 양털 빗는 도구의 자잘한 이처럼 뾰족한 가시가 돋게 해주세요."

이 저주는 마을을 벗어나 저 멀리 도망가는 도둑에게까지 이르렀다. 그의 기쁨도 잠시, 순식간에 그의 몸은 가시 덮인 작은 동물로 변해 버렸다. 이것이 바로 최초의 고슴도치이다. 고슴도치로 변한 그는 작은 다리가 허락하는 한 재빨리 덤불 속에 몸을 숨겼고 그 이후 사람들의 눈을 피해 숨어 살게 되었다.

자칼과 고슴도치

자칼과 그의 친구 고슴도치는 함께 밀밭을 경작했다. 둘은 함께 땅을 파고 돌을 제거하기도 했으며 가시나무 울타리로 밭을 둘러싸기도 하였다. 봄이 되자 그들은 밀 옆에 자라는 잡초들을 모두 뽑아냈다. 곧 밭이 이삭으로 덮였고 얼마 후 곡식이 완전히 무르익었다. 수확할 때가 되자 고슴도치가 자칼에게 말했다.

"수확하면 수확한 것들을 나눠야 할 텐데, 땅 안에 있는 것과 땅 위에 있는 것으로 나누는 것이 어때? 네가 먼저 고르렴."

영리하지 못한 자칼이 대답했다.

"나는 땅 안에 있는 것을 가질래."

그래서 고슴도치는 짚과 밀 이삭을 가졌고 땅속에 쓸모없는 뿌리만이 자칼의 것으로 남았다. 결국 자칼은 빈손으로 돌아갈 수밖에 없었다.

한번은 자칼과 고슴도치가 함께 양파를 키웠다. 그들은 양파를 일렬로 심고는 충분히 물을 주었다. 곧 양파는 아주 잘 컸다. 잎은 푸르렀고 뿌리 쪽 양파도 커다랗게 잘 크고 있었다. 날씨가 더워지자 줄기가 노랗게 변했고 푸석푸석해졌다. 고슴도치가 자칼에게 말했다.

"이제 수확할 시기가 된 것 같아. 이번에도 네가 먼저 고르렴."

"이번에는 속지 않을래. 내가 땅 위에 있는 것을 가져가겠어."

자칼을 이렇게 말하며 양파 줄기를 잘라다 모았다. 그리고 고슴도치는 땅속에 남은 커다란 양파들을 가져갔다. 불쌍한 자칼은 다시 한번 자신이 틀렸다는 사실을 깨닫고는 풀이 죽어 꼬리를 내리고 집으로 돌아갔다.

꾀바른 토끼

오래전, 숲으로 뒤덮인 광활한 지역에 수많은 야생 동물이 살고 있었다. 하지만 그곳에서의 삶은 마냥 행복하고 평화롭지만은 않았다. 하루에 한 마리씩 약한 동물을 잡아먹는 잔인한 사자의 폭정이 있었기 때문이다. 결국 자신들의 삶을 짓누르는 고통과 고뇌를 더 이상 견딜 수 없게 된 숲의 동물들은 중대한 결정을 내리기 위해 사자와의 자리를 마련했다. 긴 시간의 논의 끝에 그들은 합의에 이르렀다. 매일 동물들이 돌아가며 사자가 먹을 식량을 가지고 오기로 약속한 것이다. 그 약속은 순조롭게 지켜졌다. 작은 토끼의 차례가 되기 전까지 말이다.

젊고 태평한 이 작은 토끼는 자신이 맡은 사명이 얼마나 중요한지를 잊고 말았다. 숲에서 즐겁게 놀다가 정글의 왕, 사자의 식사 시간을 잊어버리고 만 것이다. 토끼가 사자의 은신처에 도착했을 때, 오랜 기다림에 배가 고팠던 사자의 분노는 극에 달했다. 사자는 화가 잔뜩 난 목소리로 식사가 지체된 이유가 무엇인지를 물었다. 토끼는 사자의 목소리에 꽤 겁을 먹었지만, 그에게는 한 가지 묘책이 있었다. 토끼는 재빨리 당황한 표정을 지으며 사자에게 말했다.

"오는 길에 매우 무례한 사자 한 마리를 만났지 뭐예요. 제가 그렇게 애원했건만 그 사자는 뻔뻔스럽게도 제가 들고 있던 음식을 모두 가로채 버렸습니다. 탐욕스럽게 음식을 먹어치운 그 사자가 저에게 이 맛있는 음식을 누구에게 가져가려고 했는지 물었습니다. 저는 우리 모두의 주인이신 사자님께 가져가려고 했다고 말했지요. 그러자 그 사자는 동물들이 이렇게 친절하게 왕의 식사를 챙겨주는 숲을 다스리고 싶다면서 사자님의 은신처를 물었어요. 또 사자님이 노쇠했는지도요. 자신이 새로운 왕이 되겠다면서요."

말을 마치자마자 토끼는 날렵하게 뛰어오르며 덤불 속으로 사라져 버렸다. 토끼의 말을 들은 사자는 분노에 차 말했다.

"나를 그 사기꾼에게 데려다 주거라. 용서하지 않으리라."

토끼는 사자를 우물이 있는 숲 가장자리로 데려갔다.

"이 우물을 보세요. 사자님께서 찾고 있는 그자가 이 안에 숨어있는 것 같아요."

사자는 재빠르게 우물 가장자리로 몸을 기울였다. 맑고 잔잔한 물 위로 그의 모습이 위협적으로 비쳤다. 분노에 눈이 멀어 우물에 비친 자기 모습을 보고 적을 본 것으로 착각한 순진한 사자는 우물로 뛰어들었다. 깊은 우물에 빠진 사자는 다시는 모습을 드러내지 못했다.

이처럼 꾀바른 작은 토끼 덕분에 숲에는 다시 평온과 행복이 찾아왔다.

식인귀 이야기

순례자, 그의 딸, 식인귀 그리고 고양이

'바바 사딕'이라는 사람은 딸, '파티자'와 함께 살고 있었다. 그는 더 늙기 전 홀로 메카로 순례를 떠나기로 마음을 먹었다. 그는 적어도 일 년 동안 보지 못할 그의 소중한 외동딸이 납치되거나 집을 떠나려는 유혹에 빠지지 않도록, 마을을 떠나기 전 집의 모든 문을 걸어 잠그기로 했다. 그가 자리를 비울 동안 딸에게 필요할 모든 식량을 챙겨두고, 딸이 적적하지 않도록 딸과 함께 할 고양이를 구해 놓는 것도 잊지 않았다. 떠나기 전 그는 딸에게 말했다.

"고양이 '가투'와 모든 것을 나누도록 해라. 무엇을 먹더라도 말이다. 그렇지 않으면 네게 불행이 닥칠지도 몰라."

바바 사딕은 길을 떠났고, 남겨진 파티자와 가투는 서로를 의지하면서 사이좋게 지냈다. 이렇게 한 달, 두 달, 시간은 매우 빠르게 흘렀다.

여섯 달이 지난 어느 날 아침, 청소를 하던 파티자는 병아리콩을 하나 발견했다. 파티자는 가투에게 반쪽을 나누어주는 것을 잊은 채 그것을 입에 넣고 꿀꺽 삼켜 버렸다. 가투는 멀리서 그 모습을 보고는 의심 어린 눈초리로 말했다.

"파티자, 너 왜 병아리콩을 혼자 다 먹어버렸니?"

파티자가 대답했다.

"아무 생각 없이 다 먹어버렸어. 다음번에 콩을 발견하면 온전히 너에게 다 줄게. 약속해."

파티자의 약속에도 그들의 관계는 금이 가버렸다. 화를 누그러뜨리지 못한 가투는 파티자에게 복수하기 위해 집에 남은 유일한 성냥을 우물에 던졌다.

그날 저녁, 불을 피울 시간이 되어서야 파티자는 성냥이 사라진 것을 알아차렸다. 불을 붙일 것을 찾기 위해 그녀는 담을 넘어 걷고 또 걸었다. 어둠 속에서 족히 한 시간 정도를 걸었을 때, 파티자는 저 멀리 큰불이 피워져 있는 것을 발견했다. 기쁨에 차 불 쪽으로 다가간 그녀는 곧 공포에 질렸다. 한 식인귀가 커다란 냄비에 무엇인가를 끓이고 있었던 것이다. 자세히 보니 냄비 안에는 당나귀의 머리가 있었고, 식인귀는 당나귀 다리를 숟가락 삼아 당나귀 머리를 휘젓고 있었다.

하지만 파티자는 용감했다. 마음을 추스른 파티자는 아무 일 없다는 듯 식인귀에게 다음과 같이 말했다.

"식인귀 삼촌, 성냥 하나 구하러 잠시 들렀어요."

이 말을 들은 식인귀는 대답했다.

"내가 지금 무엇을 하고 있는지를 말한다면 성냥 여러 개를 내어 주지."

"삼촌이 지금 무엇을 하고 있냐고요? 음, 삼촌은 지금 송아지 머리를 요리하고 계시지요. 아름다운 황금 숟가락으로 음식을 휘젓고 계시네요."

"아주 좋구나."

파티자의 대답에 만족한 식인귀는 그녀에게 많은 성냥을 내어 주었다. 성냥을 받아 든 파티자는 집으로 돌아와 불을 피우고 식사를 준비했다.

다음 날, 파티자의 집 담장에 식인귀가 모습을 드러냈다. 식인귀는 담 넘어로 머리를 빼꼼히 내밀고는 파티자에게 물었다.

"파티자야, 어제 네가 나에게 성냥을 달라고 왔을 때 내가 무엇을 하고 있었지?"

파티자는 전날 식인귀에게 했던 말 그대로 대답했다.

"삼촌은 송아지 머리를 우유에 넣어 수프를 만들고 계셨지요. 황금 숟가락으로 수프를 휘저으시면서 말이에요."

그날 이후, 식인귀는 매일 파티자를 찾아와 같은 질문을 반복했고 파티자는 매일 같은 대답을 반복했다. 이 일은 바바 사딕이 메카 순례를 마치고 집으로 돌아올 때까지 6개월 동안 계속되었다. 바바 사딕이 집에 돌아오자, 가투는 바바 사딕에게 그가 집을 비웠을 동안 딸 파티자가 어떻게 생활했는지를 상세하게 이야기해 주었다. 6개월 동안 지치지 않고 매일 파티자를 찾아와 같은 질문을 반복했던 식인귀에 대해 이야기하는 것도 잊지 않았다. 이 이야기를 들은 바바 사딕은 가투에게 말했다.

"가투야, 내가 그 식인귀를 없애버리고 말겠다."

말이 끝나기 무섭게 바바 사딕은 구덩이 속에 큰 불을 피우고는 그것을 나뭇가지로 덮어두었다. 그러고는 파티자에게 다음과 같이 말했다.

"파티자야, 식인귀가 질문을 하면 네가 성냥을 찾으러 갔던 그날에 그가 하고 있었던 일을 정확하게 말해야 한다. 당나귀 머리 수프를 만들고 있었다고 말이야. 당나귀 다리로 그것을 휘저으면서 말이다."

다음 날, 항상 그랬던 것처럼 식인귀가 찾아와 똑같은 질문을 했다. 식인귀의 질문에 파티자는 아버지가 시킨 대로 대답했다. 대답을 들은 식인귀는 크게 분노하며 어린 소녀쯤은 한입에 삼켜 버릴 수 있다는 듯 파티자에게 달려들었다. 하지만 식인귀는 바바 사딕이 그를 위해 미리 준비해 놓은 큰 불구덩이에 빠져버리고 말았다. 식인귀는 파티자에게 외쳤다.

"파티자야, 나를 구해주거라. 그러면 빨간색 타일 아래 숨겨진 보물을 너에게 주겠다."

"싫어요."

파티자는 거절했다.

"나를 구해주면, 초록색 타일 아래 숨겨진 보물을 너에게 주겠다."

파티자는 계속해서 거절했다.

"나를 구해주면, 파란색 타일 아래 숨겨진 보물을 너에게 주겠다."

불길에 휩싸인 식인귀는 그의 집에 숨겨 놓은 보물들을 계속해서 언급하며 파티자에게 애원했다. 하지만, 식인귀는 파티자의 도움을 받지 못하고 불에 타 죽어버렸다.

바바 사딕은 파티자와 가투를 데리고 식인귀의 집으로 갔다. 그곳에서 식인귀가 언급한 타일을 찾았다. 그 아래에는 헤아릴 수 없을 만큼의 가치를 지닌 수많은 보석이 있었다. 바로 그때, 이 모든 일의 원인이 된 병아리콩 사건을 잊지 않고 있던 가투가 파티자에게 말했다.

"이제 네가 나에게 빚진 것은 병아리콩 반쪽이 아니야. 내 몸무게만큼의 병아리콩이야. 알았지?"

파티자가 가투가 원하는 만큼의 콩을 줬는지는 지금도 알 수 없다. 하지만 가투는 콩보다는 맛있는 고기를 더 바라지 않았을까?

용감한 아이샤

옛날 옛적에 '아이샤'라는 이름을 가진 예쁜 소녀가 살았다. 모든 사람이 그녀를 좋아했다. 어느 날 그의 아버지가 말했다.

"사랑하는 아이샤야, 나는 가능한 한 빨리 순례를 떠나기로 했단다. 내가 없는 동안 충직한 하녀와 함께 있거라. 모르는 사람들을 경계하는 것을 잊지 말고."

아버지는 순례길에 올랐다. 어느 날 아이샤가 하녀에게 화를 내는 일이 있었고, 이에 화가 난 하녀는 우물에다 성냥갑을 던져버렸다. 저녁이 되자 성냥을 찾을 수 없었던 아이샤는 집 밖으로 나가 성냥을 찾아 헤맸다. 저 멀리 비치는 희미한 빛을 향해 한참을 걸어가던 아이샤 앞에 집 한 채가 나타났다. 그 집은 식인귀가 사는 집이었다. 마침 식인귀는 인간의 내장으로 만든 터번을 쓰고는 사람 고기를 요리하던 중이었다. 아이샤가 식인귀에게 말했다.

"성냥을 좀 주실 수 있나요?"

식인귀가 대답했다.

"네 새끼손가락을 잘라주렴."

소녀는 손가락을 내밀었다. 식인귀는 그녀의 손가락을 잘랐다. 아이샤는 성냥을 받아 들고는 집으로 돌아왔다. 다음 날 식인귀가 소녀의 집을 찾아왔다. 전날 저녁 아이샤의 손에서 흘러나온 핏방울로 집을 알아냈던 것이다. 식인귀는 아이샤에게 말했다.

"네가 우리 집에 왔을 때, 내가 뭘 하고 있었지?"

아이샤가 대답했다.

"당신은 예쁜 터번을 쓰고 맛있는 요리를 하고 있었지요."

그날 이후 식인귀는 계속해서 아이샤를 찾아와서 같은 질문을 했다. 아이샤도 항상 같은 대답을 했다. 얼마 후 아이샤의 아버지는 순례를 마치고 돌아왔다. 아이샤는 아버지에게 무슨 일이 있었는지를 모두 이야기한 후 덧붙여 말했다.

"아버지, 저는 매일 밤 찾아오는 그 사악한 식인귀를 죽이고 싶어요."

"어떻게 죽일 셈이니?"

아버지가 물었다.

"집 주변에 넓고 깊은 도랑을 파겠어요. 도랑 바닥에 불을 피워 식인귀를 태워 죽이면 돼요."

계획한 그날이 왔다. 그날도 식인귀는 평소와 같이 아이샤에게 물었다.

"네가 우리 집에 왔을 때, 내가 뭘 하고 있었지?"

"인간의 내장으로 만든 터번을 쓰고는 사람 고기를 요리하던 중이었지요."

아이샤의 말을 들은 식인귀가 말했다.

"감히 그런 말을 입 밖에 뱉다니 두렵지 않으냐?"

식인귀 이야기 • 193

아이샤가 말했다.

"전혀요. 이리로 와 보실래요? 왜 그런지 알게 되실 거예요."

화가 난 식인귀는 아이샤에게 달려들었다. 하지만 아이샤가 미리 파 놓은 도랑에 빠져 화염에 휩싸이고 말았다. 그렇게 용감한 아이샤는 식인귀를 물리쳤다.

식인귀와 선량한 노부부

선량한 노부부가 있었다. 그들은 재산이라고는 집 한 채와 염소 일곱 마리, 암송아지 한 마리밖에 없었지만 매우 행복하게 살았다. 그러던 어느 날 저녁 큰 귀를 가진 식인귀가 그들의 집에 나타났다. 도깨비가 말했다.

"염소 일곱 마리와 암송아지 한 마리를 가진 착한 노부부여, 어서 그것 중 하나를 나에게 내놓거라. 그렇지 않으면 집 밖으로 나가지 않을 것이다."

그 말을 들은 노부부는 상의 끝에 염소 한 마리를 식인귀에게 주기로 했다. 하지만 다음 날에도 또다시 식인귀가 찾아왔다.

"염소 여섯 마리와 암송아지 한 마리를 가진 착한 노부부여. 어서 그것 중 하나를 나에게 내놓거라. 그렇지 않으면 집 밖으로 나가지 않을 것이다."

그렇게 식인귀는 두 번째 염소를 가져갔고 이후에도 계속 찾아와 염소를 가져갔다. 염소를 모두 빼앗기자, 남편은 부인에게 이렇게 말했다.

"암송아지 마저 빼앗기면 안 되겠소. 빼앗기기 전에 죽여서 맛있게 먹어 치웁시다."

아내는 암송아지로 맛있는 식사를 준비했다. 식사가 끝난 후 남편이 부인에게 말했다.

"곧 식인귀가 들이닥칠 것이오. 남은 고기는 잘 숨겨두시오. 그리고 아궁이에 잘 숨어 있어요. 나는 종려나무 위로 숨을 테니."

곧 식인귀가 도착해서 외쳤다.

"암송아지 한 마리를 가진 착한 노부부여. 그것을 나에게 내놓거라. 그렇지 않으면 집 밖으로 나가지 않을 것이다."

집은 조용했다. 그래서 식인귀는 집을 뒤지기 시작했다. 하지만 그때 식인귀는 종려나무 꼭대기에 있던 남편이 외치는 소리를 듣고 말았다.

"부인, 아궁이에 잘 숨어 있는 것이지요?"

식인귀는 아궁이로 가서 부인을 잡아먹고 종려나무 쪽으로 가 그것에 손을 대고 말했다.

"종려나무야, 쓰러져라. 내가 저 노인을 잡아먹을 수 있도록."

종려나무는 쓰러졌고 식인귀는 노인을 잡아먹었다.

마법사와 왕자 그리고 식인귀

옛날, 자식이 없어 절망에 빠진 왕과 왕비가 있었다. 어느 날 한 마법사가 궁전에 들러 왕비에게 말했다.

"이 사과를 먹으면 곧 아들을 낳게 될 겁니다. 하지만 이 아이는 당신에게 큰 고통을 안겨줄 거예요. 그에게 불행이 닥칠 것이거든요."

얼마 후 왕비는 아기를 낳았다. 왕비는 불행으로부터 아기를 지키기 위해 철저히 고립된 곳에서 그를 키웠다. 하지만 아기는 주변의 모든 것들을 알고 싶어 하는 호기심 많은 청년으로 성장했다. 어느 날 그는 아버지에게 사냥하는 데 타고 갈 말 한 필을 구해달라고 부탁했다. 말에 올라탄 왕자는 자유로움에 흠뻑 취해 궁전을 떠나 숲속 이곳저곳을 둘러봤다. 시간이 가는 줄도 모르게 어느덧 밤이 되었다. 길을 잃은 왕자는 흐릿한 빛이 보이는 쪽을 향해 달려갔다. 도착한 곳은 숲속 한가운데 있는 외딴집이었다. 그가 문을 두드리자 한 노파가 문을 열었다. 왕자가 말했다.

"오늘 밤 당신 댁에 머물 수 있을까요? 깊은 숲속에서 길을 잃었습니다. 새벽이 되면 바로 떠날 거예요. 그때쯤이면 길을 찾을 수 있겠지요."

그러자 노파가 말했다.

"빨리 도망가세요. 이곳은 인정이라고는 하나도 찾아볼

수 없는 식인귀가 사는 집이에요."

깜짝 놀란 왕자가 그곳을 떠나려던 찰나 식인귀가 집에 도착했다. 식인귀는 왕자를 보고는 '나중에 먹어버려야지'라고 생각하며 왕자를 양으로 변신시켰다. 그런 다음 잠자리에 들더니 곧 깊은 잠에 빠졌다. 노파는 조용히 칼을 들고 양이 있는 곳으로 가서 양가죽을 벗겨 왕자를 구했다. 그리고 왕자는 노파의 도움으로 깊은 잠에 빠진 식인귀를 죽였다. 아침이 되자 왕자는 노파와 함께 궁전으로 돌아왔다. 노파의 도움으로 큰 불행에서 벗어난 왕자는 오래오래 행복하게 살았다.

새끼 염소, 함캄과 잠맘

옛날 옛적에 한 어미 염소가 살았다. 그녀에게는 '함캄'과 '잠맘'이라 불리는 두 아들이 있었다. 매일 아침 어미 염소는 먹을 것을 구하러 산으로 갔다가 저녁에 돌아와 아이들에게 젖을 물렸다. 어미 염소가 지극정성으로 아이들을 돌본 덕분에 함캄과 잠맘은 하루가 다르게 성장했다. 어느 날 어미 염소가 아들들에게 말했다.

"얘들아, 이제 너희는 혼자서 산에 갈 수 있는 나이가 되었구나. 하지만 이곳에서 멀리 떨어진 곳까지 가지는 말거라. 그곳에는 사나운 짐승들뿐만 아니라 너희들을 노리는 식인귀가 살고 있으니 말이다."

새끼 염소들은 어미 염소의 말을 듣고 집에서 멀리 떨어지지 않으려고 노력했다.

해가 평소보다 더 뜨거운 어느 봄날이었다. 유난히 더웠던 탓에 함캄과 잠맘은 산속으로 들어가다가 더 이상 길을 찾을 수 없을 정도로 멀리까지 가게 되었다. 어느덧 저녁이 되었고 아이들은 무서운 마음에 어미 염소를 목 놓아 불렀다. 하지만 아쉽게도 그 소리는 어미 염소에게까지 전해질 리 없었다. 오히려 그곳을 어슬렁거리던 식인귀가 그 소리를 듣고는 새끼 염소에게로 와 그들을 물어뜯기 시작했다. 마침 어미 염소의 친구, 숫양이 산꼭대기에서 그 모습을 목격했다. 숫양은 급히 어미 염소를 찾으러 갔다. 숫양의 이야기를 들은 어미 염소는 뿔을 날카롭게 갈고는 식인귀를 찾기 시작했다. 얼마 지나지 않아 어미 염소는 나무 아래에서 깊은 잠에 빠진 식인귀를 발견했다. 그에게 돌진한 어미 염소는 날카로운 뿔로 식인귀의 배를 갈라 죽였다. 어미 염소는 두 아들과 함께 무사히 집으로 돌아왔다. 그들은 어미 염소에게 감사하며 항상 그의 조언을 새겨듣겠다고 약속했다.

셰티란과 그의 형제들

위대한 술탄에게는 여섯 명의 아들이 있었다. 하지만 그는 여전히 아들을 더 원했다. 그래서 하늘은 그에게 '셰티란'이라는 아이를 양자로 내려주었다. 하지만 아비의 피를 물려받지 않은 셰티란은 아버지, 어머니 그리고 그의 여섯 형제에게도 온전한 사랑을 받지 못했다. 형제들이 모두 말을 한 마리씩 받을 때 셰티란은 고작 양 한 마리를 받을 뿐이었다. 여섯 형제의 소원은 항상 이루어졌지만, 그의 소원은 이루어진 적이 없었다. 그럼에도 셰티란은 그의 부모와 형제를 진심으로 사랑했다. 그리고 항상 그들에게 도움이 되는 일을 하려고 노력했다. 그러던 어느 날 여섯 형제와 셰티란이 길을 떠나게 되었다. 여섯 형제는 말에 올랐고 셰티란은 양에 올랐다. 저녁이 되자 그들은 어떤 성 앞에 도착했다. 한 여자가 성에서 나와 그들을 반겼다. 사실 그 여자는 식인귀였다. 오직 셰티란 만이 그 사실을 눈치챘다. 여섯 형제는 여자의 환대를 받아 식사를 끝내고는 잠자리에 들었다. 하지만 셰티란은 잠을 잘 수 없었다. 식인귀로부터 여섯 형제와 자신을 구해낼 방법을 찾아야 했던 것이다. 셰티란이 잠들지 않았다는 사실을 눈치챈 식인귀가 말했다.

"왜 주무시지 않지요?"

셰티란이 대답했다.

"바다 소리 때문에 잠이 안 오네요. 조개껍질과 찜기를 가지고 바닷가로 가 줄 수 있을까요? 조개껍질로 물을 길어 찜기에 부으면 돼요. 바닷물이 모두 없어질 때까지 말이죠."

셰티란과 함께하는 수호신의 도움으로 식인귀는 해변으로 떠났다. 식인귀가 성을 비우자 셰티란은 여섯 형제를 깨워서 도망가라고 말했다. 그들은 양에 올라탄 셰티란을 뒤로하고 말을 타고 재빠르게 도망쳤다.

날이 밝았다. 여전히 성 근처를 벗어나지 못했던 셰티란은 나무 밑에 몸을 숨겼다. 그 때 그곳을 서성이던 식인귀의 딸이 그를 발견하고 가방에 넣은 후 노래를 불러달라고 부탁했다.

"계속 노래를 불러줘."

"성을 구경시켜 주면 계속 노래해 줄게."

셰티란이 말했다.

식인귀의 딸은 이방 저방을 돌아다니며 성을 구경시켜 주었다. 이윽고 작은 방에 도착했다. 그곳은 식인귀 가족의 영혼이 놓여진 방이었다. 각각의 영혼은 마치 불이 켜진 양초의 모습처럼 보였다. 셰티란은 어미 식인귀와 그의 딸의 영혼만을 남기고 모든 영혼을 꺼 버렸다.

"움직이면 내가 네 영혼을 끌 거야. 그러면 넌 죽을 거고."

그때 해변에 나갔던 식인귀가 돌아왔다. 그녀는 셰티란을 죽이려고 했지만 반대로 셰티란이 영혼을 끄는 방법으로 그녀를 죽였다. 어미를 잃은 식인귀는 흐느껴 울었다. 그녀가 불쌍했던 셰티란은 그녀를 데리고 술탄의 성으로 돌아갔다. 그곳에서 셰티란은 아버지에게 모든 일을 이야기했고 술탄은 그녀와의 결혼을 허락했다. 셰티란은 이제 그의 성이 된 식인귀의 궁전에서 성대한 잔치를 열었다.

론도

옛날에 꾀가 많다고 소문난 사람이 있었다. 그는 둥근 등을 가지고 있어 '론도'라고 불렸다. 론도가 살고 있는 마을에는 식인귀가 살았다. 어느 날 사람들이 론도를 찾아와 식인귀를 없앨 방법을 물었다. 그래서 그날 저녁 론도는 식인귀를 찾으러 숲속으로 향했다. 곧 그는 식인귀를 만날 수 있었지만 식인귀에게 붙잡히고 말았다. 그는 론도를 잡아 먹을 생각이었다. 집으로 돌아가던 식인귀는 그에게 말했다.

"네가 이 마을에서 가장 영리하다지? 너를 먹어버리기 전에 내가 너를 한 번 시험해 볼 것이다."

"좋습니다."

론도는 승낙했다.

"우선 물을 가지러 가 보죠."

론도는 작은 양동이를, 식인귀는 큰 통을 가지고 우물로 갔다. 하지만 론도는 물을 뜨기는커녕 옆에서 밧줄을 만들기 시작했다. 기다리다 지친 식인귀가 론도에게 물었다.

"뭐 하는 거냐?"

론도가 대답했다.

"밧줄을 땋고 있죠. 그냥 우물을 다 가져가려고요."

그 말을 듣고 충격에 빠진 식인귀는 론도를 쫓아버리기로 했다. 밤이 다가왔고 식인귀는 계획을 실행에 옮겼다. 론도를 따돌리고 길을 재촉하던 식인귀는 잠시 휴식을 취했다.

"아, 드디어 그놈을 쫓아버렸구나."

식인귀의 말이 끝나기가 무섭게 그의 등 뒤에서 작은 목소리가 들렸다.

"아닌데? 론도는 아직 너의 등에 붙어 있는걸!"

식인귀의 옷 사이에 숨어 있었던 론도가 말했다. 론도를 쫓아내지 못해 풀이 죽은 식인귀는 말없이 걷기만 했다. 아침이 되자 지푸라기라도 잡는 심정으로 론도에게 말했다.

"론도야. 듣기론 네가 그렇게 영리하다지? 그럼 이건 어때? 난 방망이를 땅에 심어, 물이 나오게 할 수 있어. 너도 이렇게 할 수 있니?"

"한번 해볼까?"

론도가 말했다. 식인귀가 잠시 자리를 비운 사이 론도는 큰 구멍을 파고 그 안에 우유가 가득 담긴 염소 가죽을 숨기고는 그 위를 흙으로 덮었다. 식인귀는 돌아와 방망이를 땅에 심었다. 그러자 물이 뿜어져 나왔다. 론도도 역시 나뭇가지를 땅에 심었다. 그러자 미리 숨겨둔 우유가 뿜어져 나왔다. 그것을 본 식인귀는 놀라 줄행랑쳤다. 론도가 그를 채 따라잡기도 전에 그는 마을에서 영영 사라졌다. 그는 아직도 마을 멀리 달아나고 있다고 한다.

왕자와 공주

어느 날 한 마녀가 길을 가다가 '하이다'라고 불리는 어린 여자아이를 발견했다. 마녀는 그녀를 키우고 돌보고 또 가르쳤다. 시간이 흘러 어린아이는 예쁜 소녀로 자랐다.

마녀는 일곱 개의 돌이 들어 있는 신비한 상자를 가지고 있었다. 만약 이 돌이 낯선 사람의 손에 들어가게 되면 마녀를 바다에, 불 속에 또는 끓는 물 속에 넣어 저주할 능력을 갖추게 될 터였다.

어느 날 하이다는 작은 신음을 들었다. 소리가 나는 쪽으로 간 하이다는 마녀에게 붙잡힌 왕자를 발견했다. 돌 하나가 그의 목에 달라붙어 그를 고통스럽게 하고 있었다. 소녀는 돌을 제거하고 꿀을 가져다주었다. 꿀을 먹고 기운을 차린 왕자는 소녀를 말에 태우고 길을 나섰다. 일곱 개의 돌이 들어있는 신비한 상자를 가져가는 것도 잊지 않았다. 얼마나 시간이 흘렀을까? 그들 뒤로 마녀가 쫓아오는 것이 보였다. 그들은 마녀가 코앞에 다가올 때마다 돌을 하나씩 던졌다. 마지막 일곱 번째 돌을 던지자, 마녀는 사라졌다. 왕자와 소녀는 마녀로부터 풀려난 것이다. 그들은 곧 성에 도착했다. 그리고 그 둘을 결혼하여 행복하게 살았다.

루다아

여섯 명의 아들을 둔 한 여인이 있었다. 나이가 들어 출산할 수 없을 때가 되기 직전, 아들을 한 명 더 낳았는데 그 아들은 난쟁이였다. 태어난 지 삼 일째 되던 날, 난쟁이 아들이 어머니에게 말했다.

"자애로운 나의 어머니, 아주 부드러운 고기를 아주 작은 조각으로 잘라 주실 수 있으세요?"

태어난 지 일곱 번째 되던 날, 아이는 외쳤다.

"나를 '루다아'라고 불러주세요. 그리고 나를 상자에 넣고 매일 와서 먹이고 씻겨 주세요. 다른 사람들의 눈에 띄지 않는 이곳에서 크겠어요."

그리하여 어머니는 루다아를 상자에 넣고 키웠다. 몇 년 후 그의 형제들은 긴 여행을 떠나고 싶어 했다. 어머니와 헤어져 본 적이 없는 루다아도 자신이 만든 감옥에서 나와 세상을 둘러보고 싶었다. 그래서 형들에게 자기도 데려가 달라고 했다. 하지만 그들은 한사코 거부했다. 멋진 청년인 자신들이 난쟁이를 데리고 다니는 것, 특히 난쟁이가 자기 동생이라고 말하는 것이 부끄러웠기 때문이다. 하지만 루다아는 낙담하지 않았다. 오히려 형들에게 화를 내며 이렇게 말했다.

"내가 형들의 동생이라는 것이 부끄러운가요? 날 경멸하고 있군요. 좋아요. 내가 먼저 혼자 여행을 떠나겠어요, 이 루다아가 무엇을 할 수 있는지 보여주고 말겠어요."

루다아는 형들에 앞서 길을 떠났다. 가는 길에 그는 화려한 다이아몬드 반지로 변해 길 한 가운데 놓였다. 뒤따라 여행을 떠난 큰형이 이 반지를 발견하고는 재빨리 집어 들어 새끼손가락에 끼우며 말했다.

"운이 좋군. 멋진 다이아몬드야. 매우 비싸겠어."

큰형은 여행 내내 반지를 꼭 끼고 다녔다. 여행을 마치고 집으로 돌아오는 길에 반지가 외쳤다.

"형님, 손가락에서 저를 빼내 주세요. 손가락에 너무 살이 쪄서 저를 짓누르잖아요."

반지의 소리를 들은 큰형은 깜짝 놀라 손가락을 흔들어댔다. 반지는 땅에 떨어졌고 곧 모자로 변했다. 아주 깨끗하고 눈부신 색상의 모자였다. 둘째 형이 떨어진 모자를 발견하고는 그것을 주워서 머리에 썼다. 하지만 잠시 후 모자가 외쳤다.

"태양에 타들어 갈 것 같아요. 나 좀 그늘에 던져주세요."

둘째 형은 모자를 던졌다. 모자는 곧 루다아로 변했고, 루다아는 형들과 함께 여행을 계속했다.

마을에 도착하기 전, 그들은 양 떼를 돌보는 한 노파를 만났다. 그들은 노파에게 인사를 했고 노파는 자기 집에 그들을 초대했다. 매우 지치고 피곤했던 그들은 밤을 보낼 곳을 찾고 있는 터였다. 루다아는 형들에게 말했다.

"조심하세요. 노파는 인간을 먹는 요괴예요."

큰형은 노파에게 루다아의 말을 전달하려 했지만, 그 순간 루다아가 큰형의 입을 막으며 말했다.

"저는 아무 말도 하지 않았어요. 아무 말도 마세요."

사실 노파는 루다아의 말대로 진짜 요괴였다. 노파는 형제들에게 맛있는 저녁을 준비해 주고 따뜻한 방으로 안내했다. 루다아를 제외하고 모두 곯아떨어졌다. 그들이 모두 잠에 들었다고 생각한 노파는 그들을 잡아먹으러 방으로 들어왔다. 하지만 형제들이 봉변당하지 않을까 걱정이 되었던 루다아는 자지 않고 깨어있었다. 노파가 루다아에게 말했다.

"루다아야, 네가 잠에 들려면 어떻게 해야 하는지 알려주렴."

루다아가 대답했다.

"찜기에 물을 넣어 주실 수 있을까요?"

구멍이 뚫린 찜기에 물이 절대로 담길 수 없다는 사실을 알 만큼 지혜롭지 못했던 노파는 그 말을 듣고 말했다.

"좋다. 내가 샘에 가서 찜기에 물을 채워오마."

루다아의 작전은 성공했다. 노파가 집을 나서자마자 루다아는 형들을 깨웠다. 그러고는 모두 도망쳐 집으로 돌아왔다.

이렇게 루다아는 형제들의 목숨을 구할 수 있었다. 형들은 루다아에게 고마움을 표했고, 이전처럼 그를 경멸하는 대신 친구들에게 그를 데려가 소개하기까지 했다. 그의 공적을 자랑스럽게 이야기하면서 말이다.

튀니지의 민담

초판인쇄 2024년 2월 23일
초판발행 2024년 2월 26일
지 은 이 김민채
펴 낸 이 홍명희
펴 낸 곳 아딘크라
주   소 경기도 용인시 기흥구 탑실로 152
         대주피오레 2단지 202-1602
전   화 031)201-5310
등록번호 2017.12. 제2017-000096호

ISBN 979-11-89453-27-5 93890

값 15,000원
ⓒ 2024